▶実践!◀
PPP/PFIを
成功させる本

Good!

寺沢弘樹［著］

JN039414

学陽書房

はじめに

　前著「PPP／PFIに取り組む時に最初に読む本」から2年以上の月日が経過した。前著の執筆をしていた2020年といえば新型コロナウイルスが世界中で猛威を振るい、全国的に公共施設は休止に追い込まれ、「新しい生活様式」の名の下に生き方の変革を求められていた。

　更に戦後の焼け野原から高度経済成長、そして失われた数十年の間に整備されてきた膨大な公共施設・インフラが老朽化・陳腐化し社会問題となるなかで、旧来型行財政改革の流れをくむ総量縮減一辺倒の「ザ・公共施設マネジメント」が注目されたが、残念ながら思うようにはいかない。

　こうした社会背景のなかで、自分たちのまちの生き方は自分たちで切り拓いていくしかないことが見えてきた。そのために必要となるのがプロジェクトごと、まち全体としての「ビジョンとコンテンツ」であり、これをもとにした数々のプロジェクトである。そのプロジェクトを魅力的なものとして構築していくためには、地域コンテンツ・プレーヤーと連携してやっていくしかないので、自ずとPPP／PFIが「生きる手段」として求められることとなってきた。

　筆者が公務員時代からこの時点までに関わってきた様々な事例や全国のプロジェクトを基に記したものが前著である。

　そこから今日までの間に、幸いなことに様々な要因が重なり世界はコロナ社会から脱却しつつある。コロナという強烈な社会的インパクトにより、世の中が大きく変革を求められ、Zoomなどのオンラインツール、Amazonなどのネット通販、web上の各種配信サービスなどが急速に普及したり、大量生産・大量消費をベースとした観光地が深刻な打撃を受けるなど、社会の可能性や脆弱性も見えてきた。しかし、残念ながらほとんどの行政・まちは、コロナ前の社会に「そのまま」先祖返りしようとしていないだろうか。このままでは令和版失敗の本質になってしまう。

　一方で、コロナ禍において必死に生き方を模索してきたまち、そして民間事業者はmorineki、盛岡市バスセンター、Globe Sports Dome、エスコンフィールドなど様々なクリエイティブなプロジェクトを全国で展開する

ようになってきた。包括施設管理業務、トライアル・サウンディングなども「何のためにやるのか」から組み立てることで、それぞれのまち・プロジェクトにあった形で進化してきている。

　ロシアのウクライナ侵攻、物価高騰、北朝鮮をはじめとする国際情勢、DX やスマートシティ、Chat GPT、生成 AI、脱炭素など、ひとつの自治体、ひとつのプロジェクトだけでは対応が難しい、旧来型行政では対応困難な課題や可能性も次々と現れている。

　このようななかで前に進めないまちと苦しみながらも少しずつまちをポジティブに変えていくまちがでてきた。その違いはひとつずつの場面で個人・組織として適切に「覚悟・決断・行動」していけるかどうかにかかっている。その前提となるのが行政職員はもちろん、まちに関わるプロジェクトに携わる民間事業者、金融機関などが自分のまち、そして全国のまちを見て教科書型ではなく自分の五感と金を使ってまちとつながっていくことだろう。

　本著では、前著と同様に「PFI 法とは何か」「VFM の算出方法」といった一般論・教科書的な部分を排し、何が世の中で起きていて、それに対してどのように試行錯誤していくのか、しているまちがあるのかといったリアルに特化していく。筆者のモットーである現場重視・実践至上主義の世界を様々な角度から感じていただければと思う。

　まちみらい公式 note での記事も一部リライトしながら、今、実践のために求められることを各地の事例から考えていく。

　また、前著と同様にどこからでも読めるコラム形式とするとともに、本著では新たな試みとして項目を絞りながら初心者でもわかりやすいよう簡潔に記している。実際にいろいろな場面でうまくいかないとき、何かヒントを求めたいときに「答え」としてではなく、参考・きっかけとして手に取っていただければ幸いである。

2023年11月　寺沢弘樹

終章 PPP／PFI の実践のために

第1章

PPP／PFIをめぐる
現在の状況
〜やってみなければわからない

1 巻き込まれないように？

（1） プロとして失格

　先日出講したあるセミナーでのアンケート結果の抜粋を見てみよう。「事業に向かう姿勢、熱意を感じた。行政職員として見習うべきことばかりであった。」「PPP／PFIの事例や手法について知ることもさることながら、いち行政職員がどのように一歩を踏み出したか、そして周囲に波及させたか、職員目線での話に関心があります。」「しっかりと意図を持って仕組みをデザインすること、実践に繋げることの需要性を改めて感じました。我が市でも打てる手を打っていこうと思います。」

　学んでいるだけでは「通信教育の黒帯」「意識だけ高い系」でしかなくまちは何も変わらないが、動き出すきっかけとして、このセミナーがほとんどの出席者に「何かが刺さった」と感じられる非常に嬉しいものであった。そんななかで非常に残念だったのは、筆者にゆかりのある自治体職員の自由記入欄で記されていた言葉である。「勉強になりました。実践したいですが、上からは巻き込まれないようにしないとねと何度も言われます。本日のセミナーと真逆の状況です。」

　正直、空いた口が塞がらない。この自治体は数年前まで公共施設マネジメント、PPP／PFIの先進自治体と言われていたまちで、現在もこの分野に限らず15〜20年前に掲げた政策が実を結び、マスメディアなどでチヤホヤされている「表面上は先進自治体」である。

　上司の「巻き込まれないようにね」はプロとして失格・問題外であり、あなたの怠慢・スキル不足で世の中のストリームから目を背けること、まちを衰退させることは許されない。あなたを養うために行政があるわけではないし、市民の方も必死になって働き納税しているわけでもない。

同時に「実践したいですが」と嘆いている担当も、嘆いているだけではまちは何も変わらない。あなたは本気になってそのアホな上司に向き合い、声を荒げてでも「自分たちがやるべきこと」を主張したことがあるだろうか。あらゆる手段を駆使してやりたいことの決裁を得ようとしただろうか。アホな上司のせいにして結局自分も諦めていないだろうか。

（2） 忙しくてできない／わからない

　実際に相談を受ける自治体の職員からは「言っていることはわかるし、やってみたいけどマンパワーが不足して」「今、ルーティンワーク（や他の事業）で忙しくて新しいことに手が回らない」といったお悩みをいただくことも多々ある。

　確かに筆者が公務員をはじめた20数年前は、もっとおおらかであったしスマホもない時代。地方分権一括法が施行された時期ではあったが、まだまだ「国に言われたこと・決められたことをやっておけばいいや」といった感じの空気感が漂っていた。その時代とは比較にならないほど、現在は難しいだけでなく業務量・質も求められている。少子高齢化・ニーズの多様化・中心市街地の衰退といった一般論に加え、コロナ・物価高騰・ウクライナ問題など、一自治体ではとても太刀打ちできないが、自分たちで創意工夫していくしかない課題も次々に発生している。

　追い打ちをかけるように、過剰なコンプライアンスや17時に帰ることが目的化された短絡的な働き方改革、紙決裁や予算書すらいまだに無数に印刷しているなかでのDXなど、実態を伴わないにも関わらず「何かしている」ように取り繕うことも求められてしまっている。「忙しくてできない」と言っている人たち・まちは、いつになったらできるゆとり・時間が生まれるのだろうか。ルーティンワークに忙殺され続ける生活を永遠に続けるのだろうか。今できないことはいつになってもできないし、時間の経過とともに与条件が厳しくなり難易度が上がっていく。

　「ESCO、包括施設管理業務、随意契約保証型の民間提案制度。興味はあるけど、やったことがないからどうやれば良いのかわからない」といった言葉もいただく。「やったこと」はないかもしれないし、そのまちの内

部にノウハウも蓄積どころか存在していないかもしれない。当然、過去の起案文書を探っても、上司に聞いても意味がないし、糸口も掴めないかもしれない。

「やったことがないから」は、できない理由にはならない。やったことがないことを理由にしていたら、何も変えることはできないし、手をこまねいている間に物理的・時間的・財政的な選択肢が狭まっていき、実施するための道筋はより困難なものになっていく。

（3） 短絡的に答えを求める

「他のまちの事例はいいから、うちのまちでどうやったらできるのか（何をすればいいのか）教えてほしい」ある政令市での職員研修アンケートで出された、これも唖然とする意見である。はじめて訪れたまち（や数回しかいったことないまち）で、そのまちのごく一部しか見ていないのに、そのまちの文化・風土・職員のモチベーションやスキル・地域コンテンツ・民間プレーヤーの存在やビジネスも全くわからないのに「どうすればいいか」わかるわけがない。多くのコンサルなどは、一般論をドヤ顔で語るかもしれないが、無責任であるしノーリアリティでしかない。

筆者がセミナー・職員研修で話すことは「経験してきたこと、直接見たり聞いたりしたこと、様々な事象から自分なりの解釈」でしかないし、時間も限られているので全てではなく、断片的な情報にしかなりえない。「答えを知る場」ではなく、「考えるきっかけ」がセミナー・職員研修である。「どうやればいいか教えてほしい」と平然と言ってのけるあなたの存在価値はどこにあるのか。あなたのプロとしての役割は何なのか。

（4） 自分たちでやるしかない

ルーティンワークに忙殺されたり、無駄な議会答弁の想定問答集づくりなど「その場を取り繕う上司のための使わない資料」や、何も使うことのない行政評価シートなどの「作業のための作業」で限られた時間を浪費していないだろうか。「ChatGPT は危険だから、そもそもインターネットに

接続できるパソコンが限られているから」と言い訳していないだろうか。
「忙しいからこそ」これまでのやり方を変えたり、自分たちが結果的に楽
になるためのプロジェクトを構築していくのであり、公共施設やインフラ
の包括施設管理業務はまさにその典型例である。

　庁舎管理だけでも電気工作物、消防用設備、エレベーター、受水槽、空
調、清掃、12条点検など多くの保守点検業務があり、多くの施設・設備が
ある小中学校では、毎日のように各校から寄せられる修繕依頼への対応と
不足する修繕費に頭を悩ませていないだろうか。

　包括施設管理業務を事業化するまでには庁内理解、予算の一本化、議会
対応、地元事業者対策、要求水準書作成など数多くの「小さな作業・調
整」が求められる。マネジメントフィー・フルコストなど単年度会計現金
主義の思考回路・行動原理とは異なる概念も、少なくとも必要十分な人た
ちの間で共有していかなければならない。

　しかし、これらの準備行為に投下する時間と労力によって、発注・伝
票・現場との調整などに要していた時間のほぼ全てを相殺できるという事
業化してからのリターンは圧倒的に大きい。数ヶ月、何人かの職員が少し
ずつだけ包括に向けた検討をする時間を捻出することが、結果的に何年に
もわたって全庁的な施設管理に要する時間を大きく削減することにつな
がっていく。

　行政という非合理的な組織の中で、ひとりの力で単独突破しようとする
と肉体的にも精神的にも辛い場面が多くなる。これでは効率的でないだけ
でなく、現実的にはプロジェクトの実現まで辿り着くことは非常に困難に
なってしまう。筆者が支援させていただく場合には、プロジェクトベース
で必要十分なメンバーに集まってもらい、タスクフォースとして短期間で
集中的に「全集中」の議論でまとめていくことを基本的なスタンスとして
いる。ここで集まったメンバーはプロジェクトごとに作成する検討フォー
マットに沿ってひとつずつパーツを整理し、全てのシートの検討が終わる
と全体像が自然と完成している。「後戻りない」「論点が明確」なディス
カッションをしていくことが、限られた時間で複雑に絡みあう様々な与条
件ややりたいことを整理していくうえで有効な手段になる。

　確かにこの期間は、職員をかなり長い時間（藤沢市では約4ヶ月で15

回、基本的に9：00－17：00）拘束し、地獄の缶詰作業で禅問答のようなことを繰り返していく。更に毎回の検討状況は各課に持ち帰り共有してもらうことも行うので、体力・気力ともに大きな負担がかかってくる。一見、非常に大変な方式に見えるが「短期間」で「集中的」にやってしまうことが大きなポイントである。行政では「長い時間かけて検討すること」が評価されることもあるが、その時間を全てそのプロジェクトに投入しているわけではなく「片手間」になっているに過ぎない。更に時間をかけていると、記憶や論点を思い出し共有するための時間が必要となったり、その間に市場や社会経済情勢が変わってしまったり、メンバーの異動によってもう一度振り出しに戻ったり、責任感が希薄になったりと良いことはない。

　また、主たる担当課（＋α）だけで検討してしまうと、どうしてもバックボーンを知り過ぎていたり、関係者への忖度や自分たちの業務負荷などの余計なバイアスがかかってしまう。そのプロジェクトには直接関係しないピュアな視点を取り入れ、多角的な視野で検討していくうえでもメンバーの枠を広げることが大切である。同時にこうしたプロセスに必要十分なメンバーを巻き込むことで「聞いていない・俺はそうは思わない」といった非合理的・非生産的な反発を予防することにもつながっていく。

　内部だけでなくサウンディングも「しっかり使えば」視野を広げたり、市場性を確認したりするうえではもちろん、実際にプロジェクトを一緒に創っていくパートナーの発掘・選定や信頼関係の構築にも役立っていく。ある自治体では、「この土地には（駅前の一等地にも関わらず）市場性がないから公共施設を集約」といった案で市長をはじめ幹部職の考えは凝り固まっていた。しかし、担当が「きちんとした」民間事業者へ営業しながら真摯に対話を繰り返したことで「公共施設は他のところに集約して、当該地は民間事業者に使ってもらうのも良いかもしれない」と、大きく方向性が変わっていった。

　「いろんな人たちの知恵」とは、自分たちでビジョンを掲げたうえでこのように庁内や庁外で共感を得ていくことである。他事例の劣化コピーしか持ってこないコンサル、机上の空論・理想論しかない学識経験者、謎の理論を振りかざす評論家はまちの経営にとって不要でしかない。

（5） テクニカルなことはなんとでもなる

　行政の様々なプロジェクトでコケることは多々あるが、少なくとも筆者の公務員時代から多くの自治体とともにプロジェクトを構築してきた経験上、テクニカルな理由でコケたことは一度もない。コケた理由の全ては「誰かが・どこかで」「言い訳したり・知らん顔したり・諦めたり・嘘をつく」からでしかない。行政の職員は強烈に高い事務処理能力を持っているので、「やれ」と言われたことはグレードや良し悪しは別として、必ず期限までにこなすことができる。法律がどんなに複雑でもそれを読み解くことができるし、条例・規則をつくったり都市計画上の制限を変えたりすることも権能として与えられている。

　「やったことがない」ことは、やらない理由にはならない。きちんとした体制・マインドがあれば乗り越えることができる。

　わからないことは聞けば良い。実際に筆者も公務員時代に ESCO を検討していた際には、空調のシステムで EHP と GHP の違いすら知らなかったが、ESCO 事業者に聞くことで一発で解決した。包括施設管理業務でも「浄化槽のブロワーのファンベルトが」と言われても、その重要性などは一般の公務員にはわからない。これも、民間事業者に聞けばわかることであるし、必要な情報のほぼすべてはネットで調べれば見えてくる。

　結局、自分たちのまちのことなので、結果責任を取るのも自分たちでしかない。だからこそ、「巻き込まれないように」ではなく、きちんとしたストリームの中に自ら入り込み、周囲も巻き込んでいかなくてはいけない。公共施設の老朽化・陳腐化、少子・高齢化、財政状況の悪化、中心市街地の衰退、空き家・空き店舗。様々で複雑な問題が目の前には無数に存在するが、共通する根本的な問題は「まちの衰退」である。しかも、その衰退を引き起こしている大きな要因はそれぞれのまちの「経営感覚の欠如」である。

　自分たちのまちのことは、自分たちで考えて手を動かし、とにかく試行錯誤していく。自分たちだけではマンパワー・ノウハウ・資金等が不足するなら、外部も含めてプロとして連携していく。自分たちの「覚悟・決断・行動」にかかっている。

2 コケることで学ぶ

1 流山市

　「行政は（貴重な税金でやっているのだから）失敗してはいけない、もっと精査しないと不安だ、市民・議会の合意形成が不十分だと感じる、今までのやり方と変えるのは反発を受けるリスクがある」等、行政が前に進めない場合、こうした不安や既成概念が原因になっている場合が多い。少なくとも、筆者が公務員として、そして多くの自治体をサポートしてきた経験上、テクニカルな理由でプロジェクトがコケたことは一度もない。

　公務員には強烈に高い事務処理能力があるのに、いざというときにどこかで心が折れてしまう。そして行政は「コケること」を異常に嫌うが、コケることで学ぶことがいっぱいあるはずだ。本節は、筆者のコケた経験をもとにいろいろと考えてみたい。

（1） FM推進室の設置

　流山市では、2014年度に公共施設マネジメント・PPP／PFIの専門部署となるFM推進室を設置したが、これは様々なプロジェクトの実施時期から考えると圧倒的に遅い。当初、2008年の公共施設保全計画の検討に合わせて「システム導入等の経費」と「専門部署の設置」を要望していたが、当時は学校の耐震化のピーク等と重なり専門組織の設置は叶わなかった。

　その数年後に再び専門組織設置のチャンスが訪れた。しかし、その交渉において行革部門から「人員適正化計画のなかで職員とともに組織数を削減している。FM専門部署を設置したら組織数が増えるからダメだ」とい

う行革の180°反対をいく意見が出され、これが大喧嘩につながった。「組織数の問題だったら、自分に解決策がある。組織数を増やさないためにFM部署を設置する代替として行革を解体しろ、どうせお前らは一銭もこのまちの経営の役に立ってないだろう。むしろ、なんの役にも立たない行政評価シートを全事業で作らせてマイナスじゃないか。おまえらの存在価値はどこにもないし、現場で頑張っている成果を束ねて偉そうにして、庁内から嫌われているだけだろう。」と怒鳴り散らし、FM部門の設置が数年間、庁内的なNGワードとなってしまった。

（2） 市役所等デザインビルド型小規模バルクESCO

前著『PPP／PFIに取り組む時に最初に読む本』でも触れた市役所等デザインビルド型小規模バルクESCO」は市役所本庁舎、図書・博物館、5つの福祉会館を束ねたESCO事業で、大枠から見たら大成功であり、対外的にも評価された事業であることは間違いない。しかし、これも当初想定していた補助金が（シェアード・セイビングス契約なのでESCO事業者が申請等の手続きであったが）バックアップも含めて全て不採択となり、資金調達が困難を極めてしまった。一方で空調設備を使わない中間期を活用して7施設の空調・照明を一気に更新するため、事業スキームを大幅に見直す時間は残されていなかった。

そこで、苦肉の策としてGHP（ガスヒーポン）に更新することで不要となり、撤去予定だったポンプ・ダクト類を全て残置し、空調機も更新する資金がなくなってしまったため、各階に設置されていたエアハンドリングユニットも更新を諦め残置することとなった。また、照明設備は「LEDで国産メーカーであること」「机上照度450lx以上を確保すること」のみを性能要件としていたため、既存機器を利用できる国産メーカーが選択された。しかし、当時のこの製品には波長に一部乱れがあり、不自然な発光や瞬間的な消灯をしてしまうものであることが設置後に判明し、議会でも指摘されることとなった。最終的には事業者負担で、表沙汰にならないようほとんど職員がいない時期の閉庁日を狙って全数を再更新することでことなきを得たが、かなり危ない橋であったことは間違いない。

（3） デザインビルド型包括施設管理業務

　デザインビルド型包括施設管理業務は、庁舎の電気工作物や学校の浄化槽などの各種保守点検業務（当初は34施設51契約）を包括委託するプロジェクトも、公募型の包括として全国初の試みであったが、公募関連資料を整理していくうえで公共施設の保守管理の問題点も明らかになった。

　ほとんどの課の仕様書が全く整っておらず、法令水準を満たさないものや契約金額のばらつきなどが激しい状況であった。これについては現行水準と国交省の建築保全業務標準仕様書を記し、この間で「法令水準を満たし、かつ経済合理性の高い」グレードを民間事業者から提案してもらい、市との協議で決定していくデザインビルド方式で解決できた。これも、先行して実施した ESCO での経験が大きな助けとなった。更に、優先交渉権者決定後に、現行の設備と仕様書の突合作業を進めていくと、耐震改修で撤去したはずの高架水槽の保守管理費を撤去後、数年にわたって支出しているなどの「ありえない実態」も次々と明らかになった。

（4） 公共施設等総合管理計画

　公共施設等総合管理計画では「自治体経営・まちづくりに貢献」することが公共施設の役割だとして、1.7㎡／人と保有資産量が全国平均の約半分でそれほど多くなかったこともあり、数値目標を定めないこととした。また、「民間にできることは民間に」をキーワードとして、スポーツ施設等は民間施設も含めて地図上にプロットして、どう連携していくのかの基本的な考え方を記している。

　しかし、この総合管理計画もよく見るとインフラ系施設の記載が異常に薄い。当時、関係部署を集めた会議や全関係部署のヒアリングをベースに総合管理計画を「現場感覚を重視」したものとして作ろうとしていたが、土木部門の理解と協力を十分に得ることができず、姿勢も後ろ向きだったため、その空気感を敢えて反映したものに留めた。

（5） 都市公園の利活用

　筆者は公務員時代に「都市公園は規制が一番厳しいところ」という勘違いをしていた。南流山センター・福祉会館の民間資金を活用した大規模改修とあわせて不足する駐車場を近隣コインパーキング等で確保しようと画策しその候補の一つに都市公園を目論んでいた。同時に無機質な都市公園もなんとかできないかと思っていたが、そこで思考停止してしまい、そこから前に進めることがなかった。

　公務員を辞める直前に、公共R不動産とまちあるきを行った。そのなかで、流山おおたかの森駅南口公園を活用した1 DAY RePUBLICとして、サマーナイトピクニックが行われた。キャンプファイヤー、LEDスロウィーなど魅力的なコンテンツが展開され、ささいなことで都市公園が利活用できることを体感できた。日本PFI・PPP協会在籍時には都市公園の可能性を普及啓発するため、当時、国交省の公園緑地・景観課長だった町田誠氏を訪れ、「都市公園法はPark-PFI以前から何でもできるように制度設計されている。許可申請するのも許可権者も同じ市町村長になっている。都市公園で禁止しているのは住所を置く行為ぐらいだよ。」と目の覚めるような真実を知ったが、既成概念に囚われ過ぎて時すでに遅しであった。

（6） 小山小学校等PFI事業

　つくばエクスプレスの建設と連動した一体型土地区画整理事業で移転する小山小学校は、学童ルームとともに周辺の福祉会館・児童館を複合化するPFI事業として計画されていた。当時の小山小学校は市街化調整区域内の森の中にあり、1学年1クラスの小規模な学校であったため、基本計画でも最大18クラスと想定してプロジェクトが進行しようとしていた。しかし、流山おおたかの森駅新設に伴い、周辺も商業地域・第一種住居地域などの高密な土地利用が位置づけられていたため、港北ニュータウンなどのデータを基に数パターンで人口予測をしてみると、どのような下位推計をしても3年程度で18クラスが飽和状態になることが明らかになった。

そもそも換地予定の土地が不整形で1.7ha程度と十分な広さでないにもかかわらず、教育長が「子どもの教育環境のため２階建てにする」と頑なな信念を持っていたため、グラウンドには200mトラックを確保することも困難で、100m走はグラウンド外まで突き抜けなければできない配置となってしまった。更に懸念していたとおり、移転開校と同時に児童数が急増して教室不足が生じたため、駐車場を潰して９クラスをプレハブで急遽増築した。これでも収まることはなく数年後には16クラスの４階建ての校舎をこの限られた敷地内で増築することとなり、41クラスのマンモス校となってしまった。

（7）　おおたかの森小・中併設校

　小山小学校の移転新築後、区画整理に伴う人口の受け皿として小中併設校を設置することとなった。当初の換地案では小学校２校、中学校１校の用地が位置付けられていたが、購入する財源が不足した。まちの経営全般、総合計画や事務事業を総括しているはずの企画部長が「どうなってるんだ」とFMや教育委員会を捲し立てたが、本人はノーアイディアで総合計画がまとまらないことに不満と焦りの声を上げるだけであった。そのようななかで、アンダーパスで計画されていた都市計画道路の見直しに伴い、整形な3.9haの土地が確保できる可能性が見えてきた。しかし、区画整理の施行者たるUR都市機構との調整に残された時間はわずか１週間しかない。区画整理・教育委員会・FM部門が一体となって１週間で代替プランをまとめて土地利用計画を変更することとなった。ここにUR都市機構の建替施行の仕組みを使って50クラスの小中併設校が整備された。この生々しく擦り切れるような協議に、先ほどの企画部門が入っていないところが象徴的である。

　この小学校も、同じく教育長と懇意にしていた外部アドバイザーから「低層で」という強い意向が示されるとともにUR都市機構の建替施行の制度を活用したため、シーラカンス・アソシエイツによる22,000㎡超のノーエキスパンションの巨大建築物が約80億円で建設されることとなった。

ここでも意思決定に関わっていたはずの企画部長が降臨し、「そんな金払えないぞ。どうするんだよ。」と唖然とする言葉を吐き捨てていった。そこで、随意契約保証型の民間提案制度で提案を採択した明豊ファシリティワークスのコンストラクションマネジメント（CM）を導入することで、4億円近いVE／CD提案を受け、1億円強のコスト削減を図った。このCM導入では26百万円のフィーを民間事業者に支払うこととなったが、この案件でも企画部長や一部の議員は「それ以上の効果がでなかったらどうするつもりだ、寺沢やFMが責任取るよな」と情けない発言に終始していた。

　おおたかの森小中学校の建設にあたっては、総合管理計画の策定時期と重複していたため、今後の学校施設整備のあり方も検討したが、当時の結論は「学校建設はこれで終わりにする」「これ以上の児童生徒数が増えた場合は（市街化調整区域に余裕のある学校も複数あるので）学区の見直し、スクールバス、特認校などによって対応する」ものであった。しかし、こうした方針はいつの間にかどこかに葬り去られ、建築学会賞を受賞したおおたかの森小中学校もあっという間にパンクし、敷地内にプレハブで校舎・学童倶楽部を増築することとなってしまった。更に市街化調整区域の学校にはまだ余裕があるものの、2023年現在、流山市は次々と計画に全く位置付けられていなかったはずの新設校を次々と従来型方式（プール付き）で建設している。

（8）　南流山小学校増築におけるCM導入

　更に児童数が急増する南流山小学校においても、時間的な余裕がないなかで増築することが必要となった。この際には、これまでのノウハウを活用して設計段階からコンストラクションマネジメント（CM）を導入して効率的にプロジェクトを進めようと考え、関連予算も確保してCM業務のプロポーザルコンペを開始した。順調かと思われていたが、ある日「プロポーザルを中止する」ことが筆者の知らないところで決まっていた。どうやらCMを含む一連のFM施策を嫌う一部の議員に総務部長（＝前述の企画部長）が呼び出され、脅されてヒヨったらしい。「まだ企画提案書

の提出前だから、ここで中止しておけば民間にも迷惑かけないだろ。」ここでも経営感覚の欠如した無双ぶりを発揮するのである。「民間事業者が社として案件に参加することを決定し、提案書の作成をする。そこにどれだけのコストと知的財産がかかっているか。そんなことすら理解できないなら、辞めてしまえ。」と、大喧嘩が勃発した。結果的に、なぜか筆者が当時参加表明をしていただいていた2社に連絡し、謝罪することとなった。それよりも痛手だったのは、「流山市は世間的には先進的とされているが、実態は信用できないまち」「自己都合・保身で簡単に裏切るやつら」というレッテルが業界内で貼られてしまったことである。

（9） おおたかの森駅北口市有地活用事業

つくばエクスプレスに伴う一体型土地区画整理事業により、おおたかの森駅北口には1haの市有地が集約換地された。市長からは「クラシックが鑑賞できる500席のホールが欲しい」という要望が出され、これがいつの間にか既成事実化してしまっていた。更に、このプロジェクトの計画が議会や関係団体へ広まってくると「賀詞交換会にも使いたい」との要望で平土間＋稼働席になったり、「出張所にパスポート発券の機能もつけたい」など、ビジョンが明確でなかったため、時間の経過とともに各所からの要望をパッチワークしたザ・公共施設に成り下がっていった。筆者も当時はビジョン・コンテンツやまちとリンクすることの重要性に気づいていなかったため、市長・副市長からの指示事項であるイニシャルコストゼロだけに拘ってしまっていた。

事業手法として、定期借地権と敷地の一部売却によりホールの建設費を捻出する等価交換方式として担当課とともに取りまとめ、定期借地権や売却の面積は事業者提案に委ねる形で整理した。結果的に定期借地権でホテル、分譲でマンションを整備することでホールは無事に建設できたが、コンテンツ皆無で興行に使用できない中途半端な規模のホールが駅から直結する場所に配置され、収益の元となるはずのホテルが奥まった場所に配置された。このことにより、ホテルのオペレーター・客単価も一般的なビジネスホテルにしかならず、何より駅前のエリアの魅力が竣工後数年間は向

上することはなくなってしまった。当時は、豊島区役所が流行っていた時代で、筆者もいかにイニシャルコストを瞬間的に回収するかが公共施設マネジメントの肝だと狭い視野で盲信してしまっていたため、結果的に流山市としての一等地に全力で墓標を建ててしまったわけである。

　この件については2022年度以降になって、流山市の職員を中心として具体的な動きが生まれてきたことだけが不幸中の幸いである。

(10)　FM施策の事業者提案制度

　流山市では「市が保有するすべての土地・建物を対象に民間事業者から提案を募集し、協議対象としたものは提案者と詳細協議を経て、諸条件が整ったものは随意契約」する随意契約保証型の民間提案制度をいち早く構築、運用していた。

　しかし、これは戦略的に構築されたものではない。当時、「非構造部材の耐震点検」「屋外広告物をセットした庁舎入口看板」の2本のプロポーザルが、偶然にも同日付けで参加意欲を見せていた事業者も含めて応募者が現れず不調となり、副市長への説明が必要となった。「絶対できるからやらせてほしい」と実施した案件を2本同時に不調とすることで、副市長から激怒されることは目に見えており、「どう説明してその場を乗り切るか」を考えることとなった。

　このようななかで、不調になったのは「要求水準書のどこかにエラーがあったから民間事業者は手を上げることができなかった」からであり、「要求水準書を作らなければ不調になることはない」と考えた。副市長への報告と同時に「随意契約保証型の提案制度なら今回のようなミスは二度と発生しない」ことを提案して了解をもらったものが、随意契約保証型の提案制度の誕生秘話である。

　随意契約保証型の提案制度は、クリエイティブな背景で創出したのではなく、別のプロジェクトでミスを重ねたことで偶発的に生まれたにすぎない。

（11） 流山おおたかの森駅階段下活用事業

　随意契約保証型の民間提案制度で、同地区の土地区画整理事業を担っていた UR 都市機構の子会社から「流山おおたかの森駅階段下のスペースに防災カフェ」を設置する提案が寄せられた。事前相談の段階から、資金調達の方法として「市が土地を出資」することで民都機構から融資を受けたいという提案（現代的な言い方で言えば LABV に準じる形のプロジェクト提案）を受けていた。提案審査では「出資だと議会も含めてハードルが高いので財産の貸付」であれば対応できるとして、条件付き採用としてしまった。このことにより、民間事業者は高い経営リスクを負いながら約 6,000千円のイニシャルコストを調達することが必要となってしまい、行政は自分達の手間やリスクを一方的に回避する姿勢をとってしまったことで、リスク・資金調達等の面で対等の関係を構築することができず、結果として現段階でも事業化に至っていない。

2 ○○市での新庁舎建設──謝罪文騒動

　日本 PFI・PPP 協会に所属していた当時、熊本県のある自治体でアドバイザー業務をしていた際に、熊本地震で被災した本庁舎の改築プロジェクトが進行していた。このまちは、4自治体が合併して山間部まで含めた非常に広い市域を有しており、支所や公民館等の公共施設全般がかなり劣化している状況であった。

　アドバイザー業務も2年が経過していたが進捗状況が芳しくなかったことから、改めて幹部職・議員も含めた職員研修会を実施し、「厳しい現実を直視すること」「本気で取り組めばできることが多いこと」を感じてもらうこととした。当然に、このまちにとって最大の懸案であった庁舎は、基本計画時点で19,000㎡とまちの規模に対してスケールアウトしていたのだが、地下駐車場・こどもたちの勉強スペースなどを付加することで26,000㎡まで肥大化していたことから、CM の導入などでまだ考えられる余地が残っていることを説明した。

　執行部からは事前に「庁舎関連の話題は外して欲しい」との打診は受けていたが、「これを外してマインドを変えることはできないので不退転の決意で触れる」こととした。当日のアンケート結果を見ると非常に評判が良く、飛び込みでの相談も数件出されるなど、初めてこのまちでの手応えを感じることができた。

　しかし、事務所に戻ってみると「市長をはじめ幹部職が激怒している。執行部がこれまで丁寧に説明してきたことがあたかも誤りであったような印象を与えた。謝罪しろ」との抗議文が届いていた。もちろん、配慮が不足した部分は謝罪に値するものであるし、問題があったことは間違いないが、反射的な効能として職員のマインドが変わるきっかけにもなり得た面もあったはずである。ちなみに、最終的にこの庁舎は竣工時点で28,000㎡近く（報道によると総事業費は解体費込で16,280百万円）まで膨れ上がってしまったようだ。そして、このまちが庁舎を新築して活性化したというニュースを耳にすることはない。

3 経験「知」から学ぶこと

（1） 経験が大事

　筆者が多くのプロジェクトに関わるなかで「理想どおり」に進んだものはほとんどない。

　多くのステークホルダー・利害関係者・関係ないのに口だけ出す人が絡む非合理的な社会である行政で、ひとつずつ形にしていくためには、軸だけはブレないようにしつつも、妥協できるところは妥協して「落ちるところに落とす」ことが求められる。民間事業者と連携していくうえでは、「相手もこちら以上に妥協をしてくれている」ことを十分に認識し、相手の立場もリスペクトして「落とすところ」を探していくしかない。

　そして「落とすところ」を探すスキルは天性のものではなく、どれだけ担当者個人やまちとして経験知を持っているかによる。そのためには小さなことからでも良いので、とにかく自分でいろんなことをやってみるしかない。

　徳島市では（仮称）危機管理センターの建設にあたり、少しでもコストを抑制しながら工期も短縮する方法を考えていた。既に基本設計がかなり進んでいる状態であったため、ここからできることとして ECI（Early Construction Involvement）＋CM によって VE（Value Engineering）と CD（Cost Down）をしながらコスト・時間軸のコントロールをすることを提案した。しかし、市長からは予算等のこともあり ECI は認められたものの CM の予算化が見送られただけでなく、ECI で示した工程表よりも更に時間軸を短縮するよう指示が出された。通常の ECI では施工予定業者を選定後、実施設計のなかで数量・仕様等が詳細に定められた内訳書を確定しながら工事費を算定したうえで工事請負契約を締結する。しかし、この案件では施工予定業者の選定とあわせて工事請負契約についても議会の議決を経て先行して仮契約を締結し、実施設計完了時に「必要に応じて契約変更」する形をとることで手続きを簡略化することとした。

　こうしたことも、先行事例の分析や自らのまちの規則・指針や文化などの経験知を一つずつ解きほぐしながら、どうやったらできるかを考えてい

けばどこかに答えは見つかるのであり、更にこの経験が新しい「経験知」として蓄積されていく。

（2） 後に活かせるのであれば「失敗」ではない

「失敗事例を教えてください」ほど非生産的な問いはない。いろんなところでうまくいかなくて、そこからもがくからこそ「どうすればこのまちでプロジェクトにできるのか」が経験知として蓄積されてくる。失敗事例を机上で並べて「やらないための理由」を税金使って考えていても未来はない。コンサルに依存してなんとかしてもらおうとしても、コンサルは結果責任を負わないし、そもそもそのまちのことを知らない。

自分たちで手を動かしてみる、そこから試行錯誤を繰り返す。その過程ではここで記したような恥ずかしいレベルのミスも多く犯すし、いろんなひとたちに迷惑をかけることもある。筆者は、どこかに行くときはほぼ100％、流山おおたかの森駅が出発点になる。そのときには毎回、あのホールを眺め「ビジョンとコンテンツが大切だ、そして難しい状況になってしまってもどこかに可能性がある」と手を合わせ、心に誓ってから出発する。うまくいかなかったことを「失敗」に落とし込んでしまうことが本当の失敗になるし、一方でそれらを経験「知」として向き合えている限り、どこかに可能性はある。

3 ヒヨってもいい

（1） ヒヨる場面

　多くの自治体の職員と接したり、民間事業者としてプロジェクトを進めようとしていると、「誰か」が「ヒヨる」場面に直面することが多々ある。ヒヨる、「壁にぶち当たる」ことで物事は前に進まなくなってしまう。行政は非合理的な組織なので民間企業とは異なり、経営的な視点で物事を判断していないことが多い。ぶち当たる壁も非合理的だからこそ、どうブレイクスルーして良いのかわからず難儀してしまう。

　このような非合理的な壁にぶち当たってヒヨりそうになると、誰かに助けを求めたくなる。組織やそのときの体制、風向きによっても異なるが、誰かに頼ろうとしても「忙しいから」「自分の問題でしょ」「うち関係ないし」と素っ気ない態度を取られたりするかもしれない。

　解決策が見出せなかったり、周囲に頼れる人がいないと感じると「どうせ自分には無理だよ」と諦めてしまったり「それ俺の仕事なのかな」「自分はやりたいけど○○ガー」と他人や社会に責任転嫁してしまいたくなる。

（2） 「誰か」が動かなければ変わらない

　世の中では先進的だと言われている自治体からの相談でも、「自分たちは総括」する部署で権限もないし、実際に手を動かすのは施設所管課、そこまで手が及ばないしマンパワーを割けない。「全庁的に既存の計画にとらわれずやっていく」ことが明記されているのに、思いっきり過去から現在に縛られている。所管課から見れば「日常業務に目一杯で全体を俯瞰し

てする余裕がない」「総括する部署がわかっているなら自分でやれば良い」との論理が働いてしまう。

つまり、計画でどんなカッコイイことを書いても実際に「手を動かす人」が不在では何も動かないし変わらない。

組織ではそれぞれの部署に所掌事務が位置付けられるが、物事を動かすために重要なのは、それぞれに割り当てられた所掌事務の「隙間を埋める」ことであり、それができる人である。

（3）「動く」からこそ

ヒヨることすらない人・まちの方がヤバいかもしれない。過去の政策が多少うまく機能したからと胡座をかき、いつまでもそこにすがっていたり、前述のように現実を直視することから逃げていたりしては、ヒヨる機会すら訪れない。筆者が支援させていただいているある自治体は、昨年度末に自らのアクションによってダイナミックなマインドセットがおこり、今年度はギアを一気に上げて幹部職も含めて様々なプロジェクトを本気で検討するようになった。かなり本質的・本格的なディスカッションがはじまり、ノリノリのテンションで進み始めたと思ったのも束の間、「誰がやるのか」「なぜやり方を変えるのか」「今やる必要があるのか」といったあるあるネタが残念ながら再燃し、ヒヨりはじめてしまうこととなった。

しかし、今回のヒヨりは以前の状況とは全く異なるものである。以前は「動き出す前」に自分たちが妄想して勝手にヒヨっていた（フリをしていた）だけであるが、今回は動き出したことによって「リアルなヒヨり」へ変質したのである。

この自治体からは、ヒヨっている（≒今の段階で関係者を集めてもいい議論ができない）ので検討スケジュールも延期したいと打診されたが、逆である。「リアルなヒヨり」であれば、誰が・どういう理由で反対・邪魔をしているのかが見えてくる。そして、自分がなぜヒヨっているのかも分析できる。こうしたところが重要である。このまちでは以前、道の駅の基本計画について議会から財政負担を理由に猛反発を受けたことがあった。議会の懸念事項が「まちとしての財政負担」であることが明確になったの

で、対応策として「完全独立採算の道の駅」へシフトチェンジすることができた。「なぜヒヨるのか」がわかれば対応策が見えてくる。

（4） ヒヨってからが勝負

　「ヒヨってからが勝負」であり、ヒヨることで思考停止したり手を動かすことを放棄した瞬間に終わってしまう。そこで終わってしまっては意識「が」低い系であり、ヒヨることすらしないで誰かのせいにしたり、やってるフリだけしているのは意識「だけ」高い系でしかない。意識「が」低い系、意識「だけ」高い系のように手が動かないのでは意味がないし、まちはその不作為の連鎖で衰退していく。

　手を動かしていく・動かし続ける限りはヒヨってもいい。手を動かしていれば、想定外のことが頻発するので動揺もするし、そのような場面に遭遇すれば、人間なのでヒヨることもある。恥ずかしいことではない。大事なのはヒヨったときのリアクションである。動くことの反作用として「ヒヨる」のだから、ヒヨった原因をひとつずつ紐解いていくことでどこかに突破口が見えてくる。

　筆者が関わっている膨大な時間とマンパワーをかけて進めているプロジェクトでも、行き詰まってヒヨりはじめたとき、事務局の担当者から「こんなやりかたで本当に大丈夫か」といった意見が出され、別組織で並行して検討することも意図されていたようだ。このときも徹底的に時間をかけて関係者で真剣にディスカッションすることで、軌道修正するところはしながらも共通認識を持ってリスタートすることとなった。ヒヨることも悪いことばかりではない。プロなので大切なのは結果であり、そのプロセスでは時にヒヨりながらも、確実に三次元のプロジェクトとして結実させていくことである。

4 考えているほど無駄な時間はない

（1）「考える時間」をください

　公共資産を活用したプロジェクトを検討していく場合、キックオフとして実施する職員研修などで発想がブレイクスルーすると、最初は非常にクリエイティブで前向きな議論が展開されていく。

　ビジョン・コンテンツ・与条件の検討、このあたりも本気でやると相当に時間と労力を要するが、少しずついろんなことが具体的になってくるにつれ「決めなければいけないこと」「変えなければいけないこと」「動かなければいけないこと」などが明確になってくる。そうした現実が目の前に現れてくると、ヒヨる場面が出てくる。そして、これまでの前向きさが嘘のように「考える時間をください」という発言があちこちから出てきて急ブレーキがかかってしまう。悲しいことだが「あるあるネタ」である。

（2）「考えている」時間の生産性はゼロ

　やったことがないから、どうなるかわからないから、自分には荷が重いからといった「考える」に値する不安があるから「考える時間」が欲しくなる。その心理はわかるし、特に真面目な公務員の場合は、なんとかしようとするあまり「考えよう」とする。しかし、考えれば考えるほどドツボにハマってしまうし、発想もネガティブに闇堕ちしていく。何よりも「考えていた時間」は何も産んでいないので生産性はゼロでしかない。

　そして、プロジェクトはオーダーメイド型で有機的なものなので、「こうすればうまくいく」という絶対的な回答はない。国の文書や先行事例も当てにはならないし、先行事例の劣化コピーしかできず現場感覚のないコ

ンサルに頼っても当然に答えは見つからない。自分の「頭の中だけで考えている」限りは、時間をただ浪費するだけでしかなく、その思考回路も「どうしたらできるのか」から「やらないための理由」探しにいつの間にか陥ってしまう。考えているだけで良い方向に行く可能性は限りなく低い。

（3） 考える時間 ≠ 何かする時間

「頭の中だけで考える時間」を「何かをする時間」に置換してみよう。

まずは「考えていること ≒ 悩んでいること」の根拠が何に基づいているのか書き出して整理してみる。「憲法・法律・条例・規則・要綱・内規・しきたり」といった法的な根拠が問題の場合、抵触している大半は要綱以下である。条例なら議案を上程して改正すれば良いし、規則なら市長決裁を、要綱以下であれば必要な手続き、しきたりだったら何となく変えてしまえば良い。そして、法律でも大半の項目には「ただし書き」や「許可制度」がついている。日本人がそんなに厳格な法律を作るわけがなく、どこかに「逃げ道」が存在しているし、それが突破口にもなっていく。

経験上はこちらの方が多いと思うが、誰かの反発・物理的な環境といったものが「考える ≒ 悩む」原因だとすれば、あらゆる手段を使ってその人のハンコ（≠合意）を取れば良い。このやり方もいくつもあるのだが、ここで記すとかなり長くなってしまうので別項で示すこととするが、合理的である必要はない。

（4） 調べる時間

抵触している根拠が明確になれば、それを突破するための手段を見つけていくフェーズに移る。考えようとしていたこと（≒悩んでいたこと）は、ほとんどの場合、先行してやっている人・まちも通ってきた道である。全国の類似の事例を調査すること（ネットで調べるだけでなく、直接出向いて担当者に聞くこと）、内部だけでなく外部の人も含めて信頼できる人に相談すること、こうした意味ではサウンディング型市場調査も有効

な手段のひとつになっていく。

　大切なのは学識やコンサルではなく、実際にプロジェクトに関わっている人たち（先行自治体の職員や民間のプレーヤー）である。日頃からアンテナを高くするとともに、積極的に交流をどれだけ図っているか、同志が何人いるかが勝負となる。

（5）　判断する時間

　個人としての判断は調べながら瞬時にする（できる・できるはずの）ものだが、重要なのは組織としての判断である。この判断は政策会議・庁議などまちによって呼び名は異なるが（民間であれば経営会議など）、悪いことをしているわけではないので、こうした意思決定機関に躊躇なく諮っていくことである。「まち」のためにできることをするのがプロなので、「躊躇してやらない」ことは不作為と同等でしかない。

　また、意思決定機関が「時期尚早・なぜ今なんだ・他のまちの動向をみてから」といった不毛な議論・結論にならない結論としないために、「意思決定」のルールをしておくことも重要である。公務員時代には市長・副市長・教育長と主要部長の計8名によるFM戦略会議を組織し、「会議は1時間以内、細かい議論はしない、やるかやらないかだけ決める」ことをルールとして、意思決定の迅速化と責任の所在の明確化をしていた。この「判断する時間」をできるだけ短くすることも大切な要素となっていく。

（6）　プレーヤーをセットアップする時間

　プロジェクトの質を左右するのは何より人である。そのプロジェクトに適したプレーヤーをセットアップしていくためには、一般的にはサウンディング型市場調査を行うこととされているが、それだけでは不足する。サウンディングも積極的に営業することが大前提であるが、それ以上に求められるのは担当者をはじめ、そのまちの人たちが日常的にまちへ出て、多様なプレーヤーと有機的なネットワークを構築していくことである。

　そのようななかで当該プロジェクトに際し、誰とどのような関係でやっ

ていくのか見出したり、行政であれば相応しい人たちを選ぶためのプロポーザルを実施する時間が必要となってくる。

（7） 資金調達する時間

　民間であれば文字どおりプロジェクトを実施するための資金を自己資金・金融機関からの借入・クラウドファンディングなどにより調達しなければならない。行政であれば、関連予算（民間と連携していくプロジェクトの場合は多くの場合は債務負担行為）を設定していくことが求められる。このために必要な資料を作成したり、議会審議などの時間が必要となってくる。

（8）「手を動かす」ことで整理される

　結局、「考えていること」が頭の中にあるだけでは同じところの無限ループか負のスパイラルに陥るだけでしかないが、上記のように、「手を動かす」ことでひとつずつ課題や方向性が整理されていく。
　「考える時間」が欲しくなるのは、プロジェクトの実現のためにはいろいろな事象が複雑に絡み合い、（しかも行政の場合は不合理・不純なものが多数含まれていることもあり、）多くの変数が存在するからである。だからこそ、手を動かしながらひとつずつ変数を FIX していく。法的なことやしきたりが整理されたら、事業スキームがおのずとある程度収斂されてくるし、イニシャル・ランニング・収支などの条件が見えてくれば現実的な選択肢が見えてくる。「何をしたいのか、なんのためにやるのか」のビジョンが明確になっていれば、迷ったときの立ち戻れる原点もしっかりしているはずだ。

（9） 常総市の「やってから考える（≒やってからも考えない）」

　常総市は、決していろんな意味で恵まれた環境にあるわけではないが、神達市長をはじめ職員が「やってから考える」（やってからも考えない）

マインドで全国初のトライアル・サウンディング、あすなろの里の再生（あすなろカフェ・RECAMP 常総）、AI 自動運転パーク、随意契約保証型の民間提案制度、豊田城の活用など、徹底的にできることを次々と進めている。更に2023年にはインター周辺開発のアグリサイエンスバレーというビッグプロジェクトも、運営事業者先行決定方式の道の駅なども含めて一連のエリアがオープンした。難しいことを考える前にやってみて（≒試行してみて）どうなるのか、直線的な思考回路と「こうしたい」が最大のポイントである。

(10) 思考するより試行錯誤

　思考しているだけでは何も変わらないし、それは意識「だけ」高い系の派生でしかない。「考える時間」は不要であり、大切なのは「動く」ことである。失敗は手を止めて諦めた瞬間である。まちは常に現在進行形なので、必死にもがき続けている限り、どこかに可能性がある。頭の中で考えているだけでは選択肢が時間とともに少なくなり、最後に残される選択肢は爆破か魔改造しかなくなってしまう。

　動いてさえいれば、試行錯誤さえしていれば経験知も蓄積され、理解者や仲間も生まれてくる。ひとつずつ覚悟・決断・行動して変数を FIX していけば、少しずつ視界が開けるはずだ。だからこそ、「考える時間」は無駄である。

5 目に見える変化

（1） 目に見えて職員意識が変わった

　筆者が関わるようになって、目に見えて職員の意識が変わったという嬉しいお話をいただくことがある。公共施設マネジメントだけでなく、自治体経営・まちづくりを進めていくためには、テクニカルなことではなく「覚悟・決断・行動」が必要だと経験上感じていることから、こうした意見は確かにありがたいものである。ただ、一方で筆者自身に対してはもちろん、そのまちにも少し注意が必要な言葉のような気がしている。

（2） 意識の低さ・積極性のなさ

　国土交通省のブロックプラットフォームのサウンディングやいくつかの自治体を突撃訪問するなかで感じるのは、残念ながら未だに意識の低い自治体が想像以上に多いことである。公共施設・インフラは老朽化し、市街地には空き店舗・空き家が溢れ、まちが恐ろしいほどのスピードで衰退しているのに「我関せず、自分たちの仕事はそこじゃないから」といった態度を平気で表す職員・まちがある。例えば学校跡地について「地域も使うから配慮して欲しい」「耐震性がなく老朽化しているけど行政では財政負担できない」「民間ノウハウを活用して魅力的な場にして欲しい」「行政財産使用料で定められた使用料は納付してもらう」「地元雇用を創出すること」「活用にあたっては地域意向を反映すること」等々、まるで民間と連携すれば玉手箱のように全てが叶うようなことを無垢に思ってしまっている。（間に入っているコンサルはそれらしいことを発言したり、民間事業者も最終的には行政の財政負担を引き出して旧来型ハコモノ整備事業に誘

導しようとするニュアンスを出したりしているのかもしれないが。）

　行政財産使用料を納めたり地元雇用を創出するためには相応の収益が必要で、地域住民の利用や地域意向によってビジネスに制限がかかってしまっては困難になってしまう。与条件が厳しく課せられているなかで、「あれもこれも」といった行政的なお花畑の夢物語がひとつのプロジェクトで叶うわけではないことが理解されていない場合が多い。そして、意外と全国の事例やプレーヤーを知らない人たちも多い。

　例えば廃校活用でも福知山市の THE 610 BASE、里山ファクトリー、S-LAB など、地域プレーヤー・地域コンテンツと真剣に向き合うことで地域とリンクできる魅力的なプロジェクトを創出しうる可能性はあるが、こうした「正しい」情報が全国に行き届いていないし、そもそも「自分から主体的に知ろうとしない」ことが問題である。

　こうした実態から考えると、前述の「意識の変化」は第一歩として非常に大切な要素であることは間違いないが、一方でどこかに違和感もあって「意識が変わった」だけでは意識「だけ」高い系を生産したに過ぎない。

　大切なのは実践であり、必要なのは「意識の変化」に留まらず「まちの変化」である。

（3）　まちの変化

　目の前にある課題や可能性に対して少し動けば「今できること」は山ほどある。細かいことを考える前に、まずは「試行」してみることが大切である。

　阿南市では ESCO、かもだ岬温泉などのプロジェクトの検討と並行して市庁舎・科学センター・中林保育所を対象としたトライアル・サウンディングを進めている。2022年11月5日に庁舎で行われた AKINO YONAGA MARCHE では、土曜日の昼間から夜にかけて庁舎敷地内・庁舎内を活用して飲食店・物販・コンサートなどが行われた。庁舎内・閉庁日（土曜日）・夜間・アルコール販売と通常では禁止されていることを「試行」することで未来への可能性を探り始めている。

（4）　まちとリンクする

　「試行」するためにはフィールドと一緒に動くプレーヤーが必要となる。行政の場合、フィールドは膨大に保有する土地・建物を活用することで比較的簡単に準備ができるはずだ。行政という与信を活用して私有地を貸していただく形でもできるだろう。実際に前述の草加市では空き店舗を利活用するために、職員が公用で登記簿をとりオーナーと交渉している。これすらできないようでは、やはりどこかで言い訳をしているに過ぎない。

　そして、更に重要なことは「誰とやるか」である。とにかく日常的に職員がまちへ出て、自分の金を散財して地域のプレーヤーを知ること・つながることが前提になっていく。

　阿南市においてもいきなり前述のマルシェができたわけではなく、職員がまちへ出ながら多様なプレーヤーとつながってきたことが、このような「暫定的な未来の姿」につながったことを忘れてはならない。

（5）　小さなプロジェクト

　トライアル・サウンディングなどで「試行」することとあわせて、小さなものでも良いのでプロジェクトとして実践することも重要である。

　阿南市では、直近で課題となっている公共施設の空調設備・照明設備の更新のために ESCO 事業の検討をはじめ、早速サウンディングを実施してまずは小規模・照明のみで実施できる那珂川図書館でプロポーザルを実施し、事業化している。

　自販機の貸付・有料広告・ネーミングライツ・低未利用の公共資産の一部貸付など目の前でできること、小さなプロジェクトとしてできることも数多くある。沼田市・鳥取市・貝塚市などで行われている解体予定施設での消防突入訓練なども、非常に小さいが大切な取り組みである。

　「まちの変化」をサポートしていくことは筆者のミッションでもあるが、そのためには数多くのプロジェクトを創出し、そうしたプロジェクトの連鎖から多様なプレーヤーの新しい動きを誘発していくことが必要となってくる。数多くのプロジェクトを創出していくためには「試行」や「小さな

プロジェクト」による成功体験・ネットワークはもちろんだが、同時に「錯誤」もしながら「どうやったらコケるのか」基礎体力をつけていくことも求められる。うまくいかないと「失敗だ」と多方面から吊し上げられたり、なぜかあまり関与していなかったのに勝手にヒヨる幹部職なども出てくる。

このような試行錯誤による経験知が蓄積されていくからこそ、よりそのまちの実態に即したリアルなプロジェクトの組成ができるようになったり、いろんな物事を動かすことができるようになっていく。

小田原市では包括施設管理業務で政治的な要因も絡んでしまうことでかなり痛い目に遭ったり、現在もいろんなことでコケている。そんななかでも随意契約保証型の民間提案制度を活用して旧片浦支所をリノベーションしたUがオープンした。コロナの臨時交付金などに依存した官製コワーキングスペースが各地に乱立し惨憺たる状況にあるなかで、Uは10年以内で投資回収を目指すセンスの良い空間とビジネスモデルを持ったリアルな未来の姿の一端を見せている。更に別途実施した豊島邸の利活用にプロポーザルでは、鰻をメインにした料亭の豊島鰻寮一月庵として再生している。

このようにプロジェクトを複数同時に展開していくことで、ヒヨったり錯誤も経験していくわけだが、同時にどうやったらプロジェクトとして成立していくのかも自然と学んでいる。それ自体も「目に見える変化」である。

「まちの変化」とは、簡単にできる表面的な事業だけで構成されるのではなく、うまくいかないことや思ったような姿にならないものも含めた複雑で多層的なものである。（実際に先進自治体・プロジェクトとされているまちでも、なぜこのまちがこんなことでコケてるのか、なぜこんなショボいザ・ハコモノがあるのかというのが現実である。）

大切なのは、そうしたうまくいかなかったことも糧にして「まちの変化」、負債の資産化・まちの再編・まちの新陳代謝をしていけるかどうか、それこそが本物の「目に見える変化」である。

6 経験知

（1） 計画では何も変わらない

　二次元の世界である公共施設等総合管理計画をどれだけ精緻に作っても、三次元のリアルなプロジェクトにそれらを置換していかない限り、まちが変わっていくことは絶対にない。机上の経済学的論理・短絡的な総量縮減を目的としたザ・公共施設マネジメントでは、残念ながら負のスパイラルを助長するだけで、まちは一向に良くならない。

　総務省は、2014年の総合管理計画の策定要請後も個別施設計画の策定要請や公共施設等総合管理計画の見直しを要請しているが、一向にリアリティが向上してくことがないことは前述のとおりである。総合管理計画の策定見直しにあたって、2020年以降に世界を大きく揺るがした新型コロナウイルスに関する言及が全くないどころか、関連する総務省の通知では一度もコロナという用語が出てくることすらない。無垢な自治体職員は、公共施設等の問題を解決するためには「総合管理計画に基づき個別施設計画を策定し、総務省の考える時間軸に沿って総合管理計画の見直しをしていけば、いつの日かこの問題が解決できる」と無垢に信じ、（コンサルタントへ膨大な金額を払い）計画づくりの無限ループに陥っている。

（2） どこからやっていいかわからない

　そうした計画づくりの無限ループに陥っている自治体を訪問すると、総務省の要請に従って各種計画は策定しているが、庁内・市長・議会・市民などの理解が得られず、またどのように進めて良いかわからずに苦戦している（、悪い場合には諦めている）という話を聞くことが多い。

「実践に結びつかないのなら何のための計画なのか」という根本的な問題があるのは事実だが、やはり旧来型行政の国依存・マニュアル重視・右型上がりを前提とした行財政システム・単年度会計現金主義などでは全く太刀打ちができない課題であることも間違いない。しかし、「公共施設マネジメントの担当」である以上、プロとして真面目な公務員が何もしないわけにもいかない。

　高校生や大学生といった若いリソースを使った啓発マンガを作ったり、貸し館公共施設の主たる利用者である高齢者を中心に集めた公共施設再編ワークショップやリアリティ皆無の学識経験者を招聘したセミナーを開催してお茶を濁していないだろうか。もっと悪い場合には、コンサルに莫大なコストを払って、やる気もなく、プレーヤー不在なのにそれらしい実行計画を作っていないだろうか。

（3）　手を動かさなければ何もわからない

　結局、計画づくりの無限ループをしていてもまちが変わらない、そのことには薄々気づいているはずだ。大切なのは実践でしかない。三次元の空間、実際の「まち」で、誰かが手を動かさない限りまちは変わっていかない。実戦とは短絡的に公共施設を減らすことではない。それは「公共資産≒負債」と捉えた旧来型行財政改革の「財政が厳しいから人・モノ・コストを減らせば良い」の発想でしかなく、失望した動ける人から流出していく負のスパイラルにしかなっていかない。

　公共資産は市民生活を豊かにしたり、支えるために貴重な税金を投下して整備したはずだ。実践とは、まちに対して真摯に向き合い、今できることを徹底的に自分たちらしく試行錯誤していくことである。手を動かしていくことで、いろんなことが見えてくるし、手を動かすことは「そのまちの本当の姿」を知ることに直結していく。

（4）　理論どおりには進まない

　理想的なプロジェクトをやろうと意気込んでいても、部長や市長のハン

コをもらうためには70〜80点での妥協を求められたり、市民や議会の理解を得るためにはバーターで違うものを差し出したりしなければならない。しかし、そこでしかそのプロジェクトの落としどころがないのであれば、そこで落としてでも前に進むのが行政としてのリアルな生き方である。ただし、何でもかんでも簡単に譲歩したり、相手の要望を受け入れたりしているだけではプロジェクトの質が低下し「やらない方が良かった」となってしまうジレンマも存在する。

　このあたりの感性を磨いたり、そのまちならではの「リアルな抜け道」を見つけていくためには経験知が必要となってくる。

（5） 経験知なしに大きいことをやるリスク

　実践が進まない自治体では、公共施設マネジメントを進めるために中心的なエリアの公共施設の再編をモデルプロジェクトとして位置付けることが多い。（そもそも「点としての公共施設をどう集約・複合化して施設面積を減らすのか」だけにフォーカスを絞って、地域コンテンツ・プレーヤーや歴史・文化・風土など「まち」の文脈の視点が欠落している時点で無理ゲーではあるのだが。）

　しかし、実際にこのようなモデルプロジェクトの経験をしたことがないので、再編プランの策定をコンサルに丸投げしたり、何のビジョンも持たずに市民ワークショップで「どんな公共施設がいいですか」と問いかけ、要望合戦に陥ってしまう。「自分たち」で覚悟・決断・行動して考えたり手を動かしていないので、これらはいくら時間を使っても経験値につながらないし、当然に経験知も得られない。

　こうした経験知もないままに「何となく」「熱意もないまま」公共施設をハコとして再編しようとするから、公共資産が竣工即負債の負債となってしまうのである。そして、このようなマインド・行動原理でやっている限り「負債の資産化・まちの再編・まちの新陳代謝」を図っていくことはできない。

（6） コケることで学ぶ

　「行政は失敗してはいけないから」いまだによく聞くセリフだが、これまでの政策が全て成功してきているのだろうか。過去から今日まで予算編成・執行が完璧だったのだろうか。本当にうまくいっていると心の底から思っているのだろうか。仮にそうだとすれば、なぜ公共施設やインフラは老朽化し、少子・高齢化や人口流出に歯止めがかからないのか。中心市街地がシャッター街になり、まちなかには空き家・空き店舗が山のように存在するのか。なぜ「財政が厳しいから」を理由として市民ニーズに応えることができなかったり、やりたい政策が先送り・凍結されるのか。なぜ失敗せず完璧に生きてきたのに「まちが衰退」するのか。

　強烈なスピードで変化し続ける世の中は、不確実性に満ちている。各地で毎年のように発生する自然災害、新型コロナウイルスなどのパンデミック、ウクライナ問題や急激な物価高騰、これらを予測して完璧に回避するのは至難の業であるし、現実的ではない。だからこそ、試行錯誤していく必要があるし、試行錯誤していくしかない。思っていたようにいかないこと≒コケることが大切であるし、そのなかで学びながらコケ方を覚えていく、簡単なコケ方をしないバランス感覚が身についていく。ただし、一昔前の中心市街地活性化を目指して「どデカいハコを作ればまちが活性化するだろう」という旧来型・ハード先行・身の丈を遥かに超えた「街づくり」でコケてしまうと、そのまちの様々な経営資源にも甚大なダメージを及ぼすし、精神的にも痛手を被るので「学んだからいい」と簡単には片付けられなくなってしまう。小さいことであればコケても他のプロジェクトで取り返すチャンスがあるが、いきなり100億円を超えるようなどデカいハコモノ事業などでコケてしまうと、流石に取り返すことができない。

　だからこそ、小さめのプロジェクトを数多く回しながら経験知を蓄積していくことが、やはり結果的には効率的になっていく。こうした意味でも、全国各地で急速に普及しているトライアル・サウンディングは、理に適った方法論のひとつであると考えられる。（最近は公共施設の「無料貸し出しイベント」としてトライアル・サウンディングを実施する事例も散見されるが、あくまで「本格的な利活用を考えるための社会実験」である

ことだけは肝に銘じておかなければいけない。)

　光熱水費の徹底管理、ESCO、包括施設管理業務、有料広告事業などの（現在は残念ながら停滞しているが、）初期の流山市で行われていたプロジェクトや、現在進行形で多様なプロジェクトを展開する津山市・常総市・阿南市・宮崎市なども、こうした経験知を得るための「小さい事例」として非常に有効だと考えられる。

　これらのまちで共通しているのは、規模や深刻度は異なるが様々な場面・プロジェクト・政策で「コケている」ことである。そうしたこと（≒やらない人・まちの言葉でいうところの「失敗」）で心が折れることなく、その経験・現実を直視するとともに既成概念を排除して、「やらなければいけないこと・やるべきこと・できること」を自分たちらしく試行錯誤している。前述のとおり「コンサル依存やなんとなくやっているだけ」では経験値すら獲得することはできないが、自分たちらしくやってコケたりそれなりにうまくいったことも、過去形になってしまっては実績としての経験値にしかならない。重要なのは、こうした様々な経験を自らの体内に取り込んで経験知に昇華していくことである。

　経験知に昇華しながら次のプロジェクトへ展開していく。この地道で愚直なプロセスの連鎖によって、個人に蓄積された経験知が組織としての経験知になり、更にはそれが流山市の意見書制度、常総市のトライアル・サウンディング連動型の民間提案制度、津山市のFM基金など、組織としての形式知になっていく。

　最近、いろんなまちの担当者・管理職・首長などから「まずは小さくても良いから成功体験を」という切実な言葉・相談をいただく。経験値を得ることも第一歩として重要だが、もっと重要なのは経験知へ置換していくことだ。そのためには「成功体験」を目指しつつも「コケること」を恐れてはいけない。表面上でそれなりに（苦労せずに）うまくいったことよりも、コケた経験から得るものの方が大きい。更に言えば「成功体験」を得るためにはその何倍も「コケること」が求められる。経験知を積んでいくと、「既成事実化」も上手くなってくる。どうやって非合理的な行政という社会でやりたいこと・やるべきこと・できることをプロジェクトにしていくか、そのためには既成事実化が有効な手段の一つになってくる。

7 既成事実化

1　行政の意思決定

（1）　意外といい加減

　筆者は15年間の公務員生活で企画部門に３年間在籍したり様々な条例策定や各種計画、リアルなプロジェクトに関わらせてもらうなかで、行政としての意思決定や政治判断を多く見てきた。公務員になる前や最初に配属された建築指導課（の最初）の頃、行政の政策決定はまちの将来を左右するのでシビアなプロセス、プロの経営判断などの元に行われていると勝手に思い込み、遠い世界のことだと漠然と考えていた。しかし、実際の政策決定のプロセスや会議の議論は経験してみると「意外なほどにいい加減」なものであったので、これだったら自分にもいろんな政策・プロジェクトができるだろうと確信するに至った。

　これまで多くの自治体に支援業務やいろんな形で関わってきた経験上、程度の差はあれど、どの自治体でも似たような状況である。

（2）　民間と異なる価値判断

　政策決定のプロセスでは、コンサルタントにほぼ丸投げ委託した基本計画に書かれていた文言の一部を切り取って「計画に記載されている」ことを根拠に、関連する莫大な予算が認められてしまう場面もある。「何のためにやるのか」といったビジョンも共有されず、総花的・抽象的な表現ひとつが単純な決裁文書と口頭の説明だけで通ってしまう。別の会議では「この施設は利用率が低くても歴史的な経緯があるし、実際に使っている

人がいるんだよ」とデカい声を出した部長の一言で、様々な権利上のこともあり廃止する予定だったものが白紙になってしまったこともある。

駅の自由通路建設では、何年も前に鉄道会社から協議を進めるために提出させられた文書に書かれた「請願駅」の言葉だけで「市が全額財政負担することに決まっているんだよ」と思考停止していたこともあった（この件は筆者が担当として鉄道会社と協議し、完璧ではないが多少合理的な形に落ち着いた。）

このようにいくつか例示しただけでも、行政は民間企業の「経営」判断とは全く異なる思考回路・行動原理・価値判断をしてしまっていることが垣間見てとれる。

（3） いつの間にか既成事実化

行政では、（全てとは言わないがかなりの場面で）このような「意外といい加減な意思決定」や価値判断が行われていて、なかには決まったかどうかすら曖昧なのに、それがいつの間にか既成事実化していることさえある。

前述の「計画に書かれた一部を切り取る」行為などはまさに典型例である。恥ずかしながら筆者も公務員時代に、新しい事業を提案するために総合計画を徹底的に読み込み、総花的・抽象的な文言から自分に都合のいい部分だけを切り取って解釈し「これは総合計画でやることに位置付けられている」と起案文書に記したことも一度や二度ではない。

現在支援させていただいているプロジェクトでも、何十年も前に（恐らくコンサルへの丸投げで）作られたバブリーでリアリティのないペデストリアンデッキの整備計画を未だに「生きた計画」と主張する職員もいた。その計画がどのぐらい認知されているのかと聞いても明確な答えが返ってくるわけではないし、計画の存在を知らない職員など人によって見解がバラバラなのである。

自治体規模からスケールアウトし、コンテンツがセットアップされていないような公共施設の整備も、「なんとなく」基本構想の業務委託をしてしまったところから五月雨式に基本計画→実施計画→基本設計→実施設計

→工事と流れてしまったりしていないだろうか。

（4） 決まったはずのことが

　更に厄介なのは、会議や決裁で「決まったと思っていたはずのこと」がその後の予算編成や議会との調整などであっさりと覆されてしまうことである。つまり、行政では意思決定そのものが曖昧なのである。毎年開催しているPPP入門講座や前著『PPP／PFIに取り組むときに最初に読む本』でもこのあたりは「決め方を決める」重要性として、流山市のFM戦略会議、鳥取市のPPP優先的検討規程などを例示しながら詳しく解説しているので、参考にしてほしい。

2　戦略的に既成事実化

（1）　非合理的な組織だからこそ

　行政は、一般的な市民感覚の「お堅いところ」のイメージの一方で、「意外といい加減」で非合理的な組織である。裏を返せば、いろんな物事を動かすためには、ここに大きなチャンスが内在している。

（2）　決裁をとってしまう

　大切なのは三次元のプロジェクトを一つでも多く創出して、まちの新陳代謝を促していくことである。まちを取り巻く様々な事象や目まぐるしく変化する世の中の潮流を考えれば、「お行儀良く」やっている時間や猶予は残されていない。必ずしも理論的・正攻法ではなくても、泥臭く・愚直にやっていくしかない。うまく物事を進められない自治体の多くは、既存のそのまちの政策決定（らしい）ルートにいかに乗せるか、市民や議員の全員合意を取り付けるかに腐心し、結局前に進めないので自らがすり減ってしまう。

　例えば筆者の公務員時代に、あるプロジェクトでどうしてもハンコを押さない部長に対し「そういえば部長とサシで飲んだことないですよね。うまい店知っているらしいじゃないですか、たまには奢ってくださいよ」と誘い出し、ベロベロに酔わせた。翌朝、お礼をかねて決裁文書を何の説明もせずに差し出すと、あっという間にハンコを押したのである。これでも公文書としては決裁を得ているので法的な問題は全くない。残念ながら「まちに真摯に向き合うプロジェクト」に対する抵抗勢力の大半は、それを上回るマインド・プロジェクト・方法論を持っているわけではなく、「自分が大変だから・わからないから・リスク負うのが嫌だから」程度の理由で反発しているに過ぎない。何らかの（正当な）ポリシーを持っているわけでもない。

　その程度の理由で手が届くはずの未来を放棄するのはあまりに勿体ない。綺麗事・理論・正論を並べるよりも、大切なのは組織としての意思決

定のエビデンス、それに基づきプロジェクトを進めることであり、手段に
拘る必要はない。

（3） 計画で位置付ける

　前述のように行政では「何らかの計画で記載されたこと」が、質やプロ
セスはどうであれ、その事業のエビデンスとなっている場合が往々にして
ある。ということは、戦略的に何らかの計画・方針・要綱等の執行権の範
囲内でできること（更に言えば首長までの決裁も不要なもの）で、自分た
ちのやりたいプロジェクトを位置付けてしまえば、できる可能性は非常に
高くなっていく。

　例えば「温暖化防止・環境負荷の低減」、「老朽化設備の計画的な更新」、
「脱炭素化」「SDGs」「民間ノウハウ・資金の積極的な活用」といった言葉
が（いくつかの計画に分散していたとしても）既存行政計画に位置付けら
れていれば、それらをパッチワークすることで ESCO 事業を選択肢とす
ることができる。

（4） 庁内・対外的に示してしまう

　更に身近な手段として有効なのが、アウトリーチである。津山市の「つ
やま FM だより」のように庁内 LAN や庁舎エレベーター内に掲示するこ
とで自分たちのやっていること、これからやりたいことを日常的・定期的
にアピールしていくことで、関係者へ意識しなくとも受動的に情報を届け
ることができる。

　阿南市では職員有志による公共施設マネジメントチームが専用サイトを
立ち上げ、自分たちが考えていることや庁舎・科学センターなどで積極的
に実施しているトライアル・サウンディングを PR している。

　流山市では（現在はやっていないようだが、当時は）5〜6回／年の頻
度でその時機に応じた講師を招聘し、職員研修を実施することで「やろう
と思っているプロジェクト」が効果的であること・魅力あるものだと PR
していた。毎回定型フォーマットで実施するアンケートを集計・分析・公

表することによって、やる気のない・理解のない職員には「自分が少数派で古い」ことを認識させていくことも並行していた。また、庁内での意思疎通・認識が低迷していたり、議会との関係がよくない時期には、対外的な評価を得るために戦略的に賞をとることで抵抗勢力を抑えながら、新規プロジェクトも応募時や受賞時のプレゼン資料に紛れ込ませることで既成事実化していった。更に、議会の一般質問でもFM関連の質問がなされたときには答弁で必要な事項を答えたうえで「今後はこのノウハウを応用して○○も展開してまいります。」などと議事録に残る形で既成事実化を図っていった。

3 経験知が勝負

（1） 既成事実化するスキル

　行政の場合は前述のように「何となく」「いつ決まったかわからない」意思決定がされていることが多々あるので、この性質を逆にうまく使っていくことが有効である。いかに既成事実化を効率的に図っていくのかのスキルが求められるが、いきなりそのスキルを高いレベルで持っている人がいるわけではない。

　様々なプロジェクトを小さいレベルでも良いので実践していくことで、その実現までのプロセスで様々な「経験知」が蓄積されてくる。この経験知が蓄積されてくれば、（必ずうまくいくわけではないが）既成事実化との相乗効果でプロジェクトが進めやすくなってくる。

（2） 大切なのはプロジェクトに結びつけること

　まちは手をこまねいていたり、現実から目を背け続けたり、やってるフリだけしていると加速度的に衰退していく。重要なのは、今できることをひとつずつ・愚直に・地道に形にしていくことであり、計画をつくることでもなければ、市民・上司・首長・議会・既得権益の顔色を窺っていたり忖度することでもないし、そこから得られるものも何もない。

　結果を出すためには手段は選ばない、やりたいことをやるためにはその道筋を一つずつ既成事実化していくことも、決して綺麗ではないがリアルな生き方のひとつである。

8 誰がやるのか

1 課題認識はしたけれど

（1） 実践までが遠い

　最近、デジャヴのようにいろんな自治体で偶然なのか、同じような場面に遭遇している。

　せっかく「明確な課題認識に辿り着いたにも関わらず実践までが遠い」というあるあるネタ。どこでも似たような言葉が担当者から出てくるし、（筆者が公務員だった時代と比較して圧倒的に業務量・質が増加しているなかで表面上の働き方改革・コンプライアンスなどの面倒な）状況は確かにわからなくもない。

（2） 忙しい

　「忙しくて新しいことに手が回らない」、限られた職員数で数多くのルーティンワークをこなしている現状は、確かに「忙しい」だろう。しかし、プロなので「忙しい」のは当たり前であり、暇なら存在意義がない。多様な市民ニーズや業務をこなしていくことは、最低限やらなければいけないことである。ただ、忙しいことは「目の前にある課題」に対して時間を割かなくて良いことの言い訳にはならない。

（3） 専門知識がない

　「やろうとは思っているけど専門知識がない」、目の前にある課題、特に

人口流出・空き店舗や空き家の急増・税収の激減・公共施設等の老朽化といった「まちの衰退」に直結する目の前にある課題は、これまでの行政が直面したこともなければ、国からの文書で答えが示されているわけでもない。コンサルや学識経験者に頼っても無駄であるし、市民ワークショップでお茶を濁せるようなものでも、マニュアルどおりにケリがつくものでもない。

　頼るものがないから、「今」の自分に知識がないからといって、目を背けて良いわけではない。

（4）　自分の仕事ではない

　「事務分掌で位置付けられていない（引継書に書かれていない）から自分の仕事ではない」、前述のように、目の前で起きている「まちのリアルな問題」は、旧来型行政の思考回路や表層的な行財政改革で太刀打ちできない。事務分掌に簡単に位置付けられるものでもなければ、仮に記したからといって問題解決に直結するわけでもない。上司や幹部職は自己保身（や部下の苦悶を回避）するため目を背けようとするかもしれない。

　自分の仕事ではないと現実逃避していても、何も変わらないだけでなく事態は刻一刻と悪化し、取れる選択肢が減っていく。

2 「誰がやるのか」問題

（1） 気づいた人の責任

　上記の根本的で共通する問題は「誰がやるのか問題」である。

　筆者の師匠でもある元佐倉市職員の池澤龍三氏は「残念だけど気づいた人の責任。誰かがやってくれると思って待っていても、それが叶うことは（行政では）ない。気づいた人が自分でやるしかない。」と話しており、本当にそのとおりだと思う。裏を返せば、「気づいているのに（言い訳して）やらない」のは不作為でしかない。忙しいし、（当該分野の）専門知識もないし、自分の仕事ではないかもしれない。難しいけれど、「誰か」がやらなければ絶対に良い方向には向かわないし、現在進行形の課題で不可逆性のある問題だからこそ、「今」やることが最も効果的なのである。

（2） 忙しいからこそ

　「忙しくてできない」と思考停止する前に、「忙しいからこそ」やってみることが大切である。筆者も公務員時代、ピーク時には（随意契約保証型の提案制度での協議対象案件が他のプロジェクトと重なったこともあるが、）約10本のプロジェクトを並行していた。さすがに細かな進捗の把握が難しかったので、付箋などで毎日、状況確認をしていた。このときに結果として良かったのは、「忙しいから細かいことを考えすぎない≒考える時間がない」「ある程度のところで見切りをつけて走らせる」「外部へ早くリリースして仲間をつくる」といったことを必然的に求められたことである。同時に、検討時間が少ないからこそ「そのプロジェクトを検討するときは全集中」できるし、「他のプロジェクトでの課題を共通項として、それ以外のプロジェクトでも類似の課題を潰す」ことにつながっていった。

（3） 外部と連携

　ひとりでできる業務量はどうしても限られるので、外部と連携すること

が不可欠となる。ここでいう外部とは自分以外の人全てである。課内・組織内の人はもちろん、地域プレーヤー・大手事業者・市民なども含まれる。「自分の手足」として使おうとするのではなく、それぞれの主体にとってメリットのある形（庁内であれば「その課の業務・課題に貢献する、民間事業者であれば「ビジネスに直結する」、市民であれば「自分の生活が良くなる」など）とすることが大切である。相手の立場にたって関係性を構築することが、結果的に自分の作業量・業務範囲を最適化することにつながっていく。

　同時に、専門知識もこうしたなかでフォローアップできてくる。公務員時代に ESCO を実施した際は、当時の流山市には機械設備の技術職が一人もおらず電気の技術職も数名で、数多くの空調・衛生・電気設備の更新工事に難儀していたので、ESCO によって設計・工事・維持管理運営にエネルギーマネジメントまで包括委託することで専門性を補完していた。

　包括施設管理業務もファシリティマネジメントを進めようと意気込んで財産活用課に異動したときに、前任者から「庁舎関連の10本以上の保守管理業務委託あるから全部仕様書つくって入札にかける、よろしくね」と渡されたことに反発し、「アホか、こんなのまとめて委託すればいいだろ」となったのが発端であった。いずれも、当時はまだサウンディングの文化がない時代であったが、それぞれを構想段階から相談できて、ビジネスとして解決できる民間事業者とのネットワークを構築していたことが大きなポイントであった。

（4） プロジェクトチーム

　ひとりでは多くのプロジェクトを進めていくための膨大な業務量をカバーできないだけでなく、専門知識やマンパワーも不足する。行政であれば「自分の業務上カバーできない領域」も多く存在する。ひとつのプロジェクトのために人事異動を発令したり、専門部署を組織してもらうことも実質的に困難であるし、時間もかかる。そうしたことを考えたときに有効かつ現実的な選択肢がプロジェクトチーム、タスクフォースである。

　前述の包括施設管理業務の際には、施設所管課を中心に企画・財政・法

務の担当者からなる施設管理協議会を組織し、優先交渉権者も一緒になって同じ場で車座になって契約に向けた協議を進めていった。随意契約保証型の民間提案制度では、協議対象案件ごとに専門のタスクフォースを構成し、事業化を図っていった。この流れを受けて、筆者が支援させていただいている自治体ではプロジェクトごと、あるいは様々な案件が持ち込める案件協議の場を設置して、効率的かつ高度な専門性を持った進め方をしている。ある自治体ではこのプロジェクトチームの組成に関する庁内合意が困難であったため、無理をせずに「○○のための検討会議」という名目で決裁するとともに、関係職員には内諾を得たうえで実質的なプロジェクトチームと同等の検討を行ったこともある。

（5）　やればなんとかなる

　「やる前にいろいろと悩んだりできない理由を探す」ことは全く生産性がないし、悩んでいたり目を背けている間に取れる選択肢も少なくなってくる。結局、（全てがうまくいくとは言わないが、）難しいと思っても「やればなんとかなる」ことが多い。少なくとも筆者の経験上、うまくいかなかったことがテクニカルな理由であったことは行政においては一度もない。行政の職員は強烈に高い事務処理能力を持っている。やれと言われれば必ず期日までに成果をあげることができるが、心が折れてしまう場面に遭遇することが多いし、真面目すぎてあらゆることに正面から対応しすぎるから止まってしまう。

　実際に包括施設管理業務を自分たちで構築した自治体の職員が、必ず口にするのが「包括ごとき」である。やる前は難しいと思っていたり、検討過程で様々な困難に直面しても、事業化してしまえば「ごとき」でしかない。他のプロジェクトも同様であろう。必死になってやっていけば、最終的には落ちるところに落ちるし、落ちないものは落ちない。ひとつずつ、悩みの元を「法律・しきたり・財政・地域・議員」と紐解いていけば、それぞれの事柄についてどこかで見切りをつけていけば、前に進めるようになるだろうし、そのことが「前に進む」ことである。
「誰がやるのか」あなたです！

第2章

価値を高める次世代型
PPPと今後の課題

1 公共施設「マネジメント」であること

（1） 公共施設マネジメントが進まない

　全国の自治体が頑張って進めているはずの公共施設・インフラの老朽化やニーズとの乖離、更新経費不足等を解消しようとする「公共施設マネジメント」、残念ながら現在も完璧に解決し、日常的なマネジメントの段階へ移行できている自治体は全国にひとつもない。もしかしたら『公共施設「マネジメント」そのものを履き違えていないだろうか』。少し概念ベースで改めて公共施設「マネジメント」を考えてみたい。

（2） 総務省主導の公共施設の「総量見直し」

　総務省が2014年に公共施設等総合管理計画の策定要請を出してから、既に約10年もの時間が過ぎている。地方公共団体にとって、2000年の地方分権一括法の施行により国と地方の関係が対等となったなかでの「要請」は命令に近く、ほぼ全ての自治体が「要請」に従い公共施設等総合管理計画を定めることとなった。その後も、総務省の方針に従い個別施設計画の策定や2021年度末までの総合管理計画の見直しなどを進めてきた。

　しかし、前著『PPP／PFIに最初に取り組むときに読む本』で様々な角度から記しているとおり、残念ながら総量縮減にフォーカスを絞った公共施設の「総量見直し」は、あれほど先進自治体として紹介されていたさいたま市、習志野市、秦野市等でもうまく進むことはなく、さいたま市では基準年より保有面積が増加している。

　横手市・福知山市等の一部の自治体では施設総量もこの数年間、本当に関係者が努力して削減しているが、これらの削減した施設のうちかなりの

部分は老朽化・合併による重複等で「既に何らかの財産処分が必要だったもの」であることを忘れてはならない。

　1,700以上の自治体が総務省からの異例とも言える「要請」に従い、公共施設の総量見直しを進めても、量を減らすことも難しく、更に量を減らしても大半の自治体では人口減少に歯止めはかからず、まちは加速度的に衰退してしまっている。総務省の主導するのは机上の理論・財政上の制約をベースとした公共施設の「総量見直し」であって、公共施設「マネジメント」とは本質が異なる。

（3）　量産型 PPP／PFI 事業

　2015年度に内閣府・総務省の連名による「多様な PPP／PFI 手法導入を優先的に検討するための指針」が、人口20万人以上の自治体を対象に総合管理計画と同様に「要請」された。この要請に記されたモデルケースで「総事業費10億円または年間の維持管理費 1 億円以上」の事業がPPP／PFI の対象となること、更に簡易的な検討では PFI 法に基づく PFI が前提とされていることから、サービス購入型の PFI-BTO が注目されることとなった。

　こうしたなかで、前述の公共施設の改築・集約・複合化等を目的とするPFI 事業も各地で広まってきた。しかし、残念ながらこうした「事業」の多くはハコとしての公共施設をハコとして「新しくする・寄せて集める」ことが目的で、「点」としてのハコモノ更新にしかならない。更にこうした事業の大半は、旧来型行政の思考回路をベースとした仕様発注に近いため、従来型の公共サービスを踏襲して提供しているに過ぎず、本当の意味で民間事業者が創意工夫を働かせる余地は少なく、経営的なメリットも発生しにくいものとなってしまっている。Park-PFI も同様で、本来は民間の経営感覚を都市公園にビルトインすることで魅力的な公共空間を創出することを目指していたはずだが、（大阪市のてんしばなど魅力的な都市公園も Park-PFI によらず急増していることは間違いないが、）膨大な税金を投下して基盤を整備し、ナショナルチェーンのカフェをリーシングしているだけの事例も全国で拡大している。

（4） やってます行政 ≠ 「マネジメント」

　このように、「計画を作ること」や「制度を使うこと」が目的化してしまい、公共施設「マネジメント」になっていないのではないかということが、筆者としての問題意識のひとつである。

　バブルの頂点までの右肩上がりの時代の行政は、国の指針に沿うことや委託先のコンサルタントが作成する報告書に沿って恙なく事務・事業を進める行政運営で成立してきた。同時に、これらを体裁良くこなしているまちが評価されてきた。次第に都市間競争という概念が広まり、様々なメディアで自治体のランキング付けがされるようになってくると、「その政策がまちへどのようなリターンをもたらせているか？」という本物の費用対効果ではなく、「何をやっているか」の表層的・短絡的な事象が評価軸と捉えられる風潮が広まってしまった。

　このようにして、「やってます行政」たる文化が全国に浸透し、その一端が公共施設の分野にも波及し、計画策定や割賦払いに近いハコモノ整備をしている自治体が先進事例として紹介されてしまっているのではないか。しかし、人口減少、少子・高齢化に加え東日本大震災や毎年のように発生する自然災害、更にはコロナ禍と社会経済情勢や自然環境が激変するなかで、旧来型の「行政運営」、「やってます行政」では全くリアルな社会に太刀打ちできない。

　これまで総量縮減を中心に据えたザ・公共施設マネジメントも同様である。要は、これまでのやり方では公共施設（やインフラ）を「マネジメント」することはできず、この数年間でほぼ全ての自治体がそのことに明確に、少なくとも朧げながらも気づいてきているはずだ。冷静に考えれば量を減らすことだけが「マネジメント」であるはずがない。

（5） 原点に戻って「マネジメント」とは？

　マネジメントといえば、やはりP.F.ドラッガーのマネジメント（エッセンシャル版）である。ニュアンスは異なるかもしれないが、筆者の理解によると「マネジメント」や「企業の役割」については次のように記され

ている。

（マネジメントの3つの役割）

① その組織に課された特有のミッションを達成する

② 仕事を通じて働く人の自己実現を図る

③ 社会の問題の解決に貢献する

（企業の目的）

企業は社会の機関であり、目的は社会にある。したがって、企業の目的として有効な定義は一つしかない。顧客の創造である。

（企業の二つの基本的な機能）

マーケティングとイノベーションである。この二つの機能こそ企業家的機能。

これらを総合して公共施設「マネジメント」に、組織・企業としての自治体（≠執行機関としての行政）を当てはめてみると、

① 特有のミッション≒まちを経営すること

② 働く人の自己実現≒職員だけでなく市民・民間事業者等も（直接だけでなく間接的・反射的にも含み）公共資産を利活用して自己実現できること

③ 社会の問題に貢献≒少子・高齢化、人口減少（→正しくは人口流出）、財政逼迫、空き家・空き店舗等のまちの課題の解決に公共資産の利活用で貢献すること

これらが公共施設マネジメントになるだろう。

このように考えてみると、公共施設マネジメントの目的を一昔前の行財政改革の思考回路で「カネがないなら減らせばいい」と短絡的に総量縮減に据えること自体が、問題を矮小化しているように感じられないだろうか。もはやそこに「マネジメント」におけるクリエイティビティは介在する余地すら残っていない。

量を減らすだけでは利用者を中心とした一部の市民にとって「生活を行政に一方的に切り取られる」ので反発するし、そもそも納税をきちんと行い設置管理条例に従って施設を予約し、定められた使用料・利用料を支払っている市民は何も悪いことをしていない。残念ながら、公共施設の問題を発生させたのは行政が経営感覚を持っていなかったからであり、市民

に責任転嫁しようとするから怒られるのである。

　「財政が苦しいから」「将来の子どもたちに負担を残さないように」と言われても、そこから発生する事象が目の前のハコモノを壊す（≒自分の生活・コミュニティの一部を切り取られる）もので、暗いものだったら賛成・賛同・理解のしようがない。

　だからこそ、本当の意味での「マネジメント」が求められる。「特有のミッション≒まちを経営する」ことだと捉えなおせば、行政の保有するハコモノをクリエイティブに利活用することで、サービスの質が向上するだけでなく新たなサービスが創出されていく。それに伴う新規ビジネス、雇用の創出、エリア価値の向上、魅力的なエリアになっていくことで発生する感性に呼応した人口の流入等が発生するかもしれない。

　その結果、固定資産税・法人税・市民税・都市計画税などの税収も増加し、「財政が苦しいから」といって廃止する予定だった施設を保有し続けることができるかもしれない。凍結していた政策や新たなプロジェクトも動かすことができるかもしれない。

　まちをクリエイティブに経営すること、それこそが本当の意味での「マネジメント」であるし、市民から期待されていることであるはずだ。

（6）　マーケティングとイノベーション

　「マーケティング」は自分のまちをきちんと把握し、強みと弱み、今やるべきことを明確にしていくことである。

　公共施設「マネジメント」では「データの見える化」に該当する。確かに公共施設の用途・延面積・築年数・光熱水費・修繕履歴等の基礎データは様々なプロジェクトを検討していくうえで重要なものだ。実際に、公務員時代には公共施設マネジメントに特化したシステムを業務委託で構築し、全施設の毎月の光熱水費、全ての修繕履歴、毎年の施設アンケート結果などのデータを蓄積していた。これを活用することで、東日本大震災後の緊急節電では約17,000千円／4か月の電気使用料の削減につなげたり、保健センターや庁舎等の7施設包括型などの各種ESCO事業、包括施設管理業務委託などの検討が容易になった。

公共施設の適正管理や「自分たちの襟を正す」ための様々な事業のために
は、ザ・公共施設マネジメントの範疇となる基礎データがあれば十分か
もしれないが、ザ・公共施設マネジメントだけでは本当の意味での公共施
設マネジメントはできない。

　公共施設に関する基礎データは、当たり前のことを進める（≒自分たち
の襟を正す）ための必要条件となるが、公共施設マネジメントを実践する
十分条件にはなりえない。

　土地利用状況・高低差・路線価・人口集積や推移の動向・用途地域・道
路網・各種計画におけるエリアの位置付け等、行政が通常業務のなかで保
有・意思決定・誘導・調査できるデータがレイヤーとして加わることで、
はじめてまちを多面的に考えることができるようになる。

　それだけではなく、そのまちにある物販店・飲食店・スポーツクラブ等
の立地状況やそこでビジネスを展開する地域プレーヤーの意向、そのまち
のホンモノの地域コンテンツ、歴史や文化等。従来型の行政は持っていな
い（必要とされていなかった）が、まちに現実として存在するレイヤー
も、プロジェクトベースで「まちを経営」するためには必要なデータ、
マーケティングの一環となってくる。

　日本では「イノベーション」を技術革新と訳すことが多く、膨大な開発
コストを投下して長期にわたる研究開発の結果として生み出される「新し
い革新的な技術」と解される。しかし、『創発的破壊』（米倉誠一郎著）で
は、必ずしも新しい技術ではなくとも「やり方の工夫」や「発想の転換」
により爆発的に効率性が飛躍したり、成果が向上することを創発的破壊≒
イノベーションとして取り扱っている。

　包括施設管理業務委託は、地方財政法の原理原則である事業別予算やそ
れぞれの施設所管課が個別に施設管理を行なう非効率的な施設管理を、予
算を一本化して包括発注するだけでなく、巡回点検や小破修繕のビルトイ
ンによる管理水準の向上など「効率化」以外の多くのメリットが創出され
る。そうした意味では、小さなイノベーションと呼べるかもしれない。

　ESCO も同様であり、シェアード・セイビングス契約の場合は、空調・
照明等のエネルギーを民間資金・ノウハウによって総合的にマネジメント
し、その光熱水費等の削減相当額をフィーとして支払っていく仕組みであ

る。古い空調・照明設備を新たな財政負担なく更新するだけでなく、長期間にわたってエネルギー負荷をコントロール・保証してもらえるので、オーナーからみても大きなメリットが生じる。更に流山市では光熱水費だけでなく、関連する保守関連コストなどの固定費相当額もベースラインに組み込み、これらの適正化・効率化も求めている。一般的に建築物は、設計段階でどのように使うか想定が難しいため安全側に設計され、結果的にオーバースペックになっていることが多い。これを ESCO では経済合理性・環境負荷・温熱環境などを総合的に分析し、関連設備をダウンサイジングしていくことになる。このあたりが通常の設備更新やリースとは大きく異なる点である。

　流山市で実施した ESCO 事業では、保健センター（延べ面積2,310㎡）などの小規模な施設を対象とするため、民間事業者にとっての事業としてのスケールメリットが不足する。そこで、みかけの事業費を大きくするため小規模補填として事業費の一部を発注者（流山市）が負担することで事業を成立させている。更に、市役所等7施設を一括発注したバルク ESCOでは、小規模補填に加え7施設をバンドリングすることで800～1,000㎡程度の施設でも ESCO 事業を導入することに成功している。生涯学習センター、ケアセンター、森の図書館といった指定管理者が管理（光熱水費も指定管理委託料に含む）している施設でも ESCO 事業により空調・照明を更新するとともに、総合的なエネルギーマネジメントサービスが提供されている。

　慣例とされていたフィージビリティスタディの代替として、省エネルギーセンターの無料省エネルギー診断を経て、簡易な条件でプロポーザルを実施し事業の詳細は優先交渉権者との交渉で構築していくデザインビルド型を採用し、効率化を図っている。（現在は省エネルギーセンターの無料省エネルギー診断がなくなってしまったため、これから検討する自治体はこの部分をサウンディング等で代替していくことが現実的な選択肢になる。）

　このように考えると、ESCO 事業そのものも「やり方を変える」という面でのイノベーションであるし、「小規模補填・バルク・指定管理者への導入」も同様に小さなイノベーションと言える。デザインビルド型の採用

も、細かい部分ではあるが従来の慣例にとらわれず「できる方法」からブレイクダウンしたイノベーションと考えられる。

　イノベーションは「どうやったら目の前の課題を解決できるか」から持てるリソースとにらめっこして考えていけば生まれる可能性がある。

（7）　ホンモノの公共施設「マネジメント」

　多くの自治体の公共施設等総合管理計画では、目的を「施設総量を○年で○％削減すること」と、前述のように量を減らすこととしている。施設総量の縮減は、合併等で重複した施設、社会ニーズにあわなくなった施設、老朽化して利用に支障が生じている施設など、人口減少や社会経済情勢の変化に伴い粛々と進めることが不可避で喫緊の課題であることは間違いない。ただし、こうした「施設総量を縮減」することはまちを再編していくための途中経過であり、まちの新陳代謝を促していくための必要条件でしかない。

　点としての公共施設を削減していくだけのザ・公共施設マネジメントばかりでは、まちに失望した動ける人たち（お金を持っている人・他のまちでもビジネスできる人・若くてやり直しができる人）、まちを支えてくれる人たちから流出していく。結果的に税収も減っていくので、更に公共施設を廃止したり事務事業を凍結していかなくてはならない負のスパイラルに陥っていく。この負のスパイラルを行政が政策≒ザ・公共施設マネジメントで助長させてしまっているのは、皮肉で残酷な現実でしかない。

　行政に求められているのは、持続可能なまちを経営することである。公共施設・インフラの更新経費のために他の公共サービスが提供できないまちでは困るし、通学・仕事・医療・商業等の環境が整っていないために不便を生じるようなまちでは物理的に生活できない。持続可能性とはSDGsのような理念・標語の問題ではなく、一人ひとりのミクロな生活レベル、そしてまちとしてのマクロなレベルでの問題である。

　だからこそ、公共施設マネジメントは「まちの新陳代謝を促しながら、まちを再編」し、まちを魅力的にしていく手段のひとつになる必要がある。「正しい・当たり前」のまちのスパイラルのなかで新しいビジネス・

雇用・人の流れが生まれ、サービスが充実することで居を構える人・本社を構える企業が増加し、エリアの価値が高まり固定資産税・都市計画税・市民税・法人税等が増加していく。エリアとしての都市機能の集積・経済の循環が発生するから学校などのサービスも提供できる。そのときの媒介になりうるのが、公共資産である。

　公共資産は存在することや点として公共サービスを提供することだけが価値ではなく、「まちを支えていく・魅力的にしていく媒介」である。公共施設はまちのなかで存在しているのであり、公共施設・民間施設と分けて考えていること自体がナンセンスである。公共施設を自治体経営・まちづくり、そしてまちの再編のために本格的に利活用しようとすれば、公共施設等総合管理計画でもそのまちにある民間類似施設は当然にプロットされているはずだ。

　常総市では耐震診断の結果、緊急避難が必要となった保育所を小学校に機能移転・集約した。公共施設マネジメントの観点で考えれば集約・複合化となるが、常総市が広報や公式 note で案内すると全く異なる文脈となっていく。「施設の建設から40年以上が経過した保育所を、子どもたちの安全を最優先させるとともに小１ギャップの解消などを目的に、保小連携の取り組みをより一層子どもたちの成長に繋げるため、小学校の余裕教室を改修した保育所の移転工事を進めてきました。」（常総市公式 note）

　これらの媒体では公共施設マネジメントの「こ」の字も出てくることがない。保小連携を目指して保育所を小学校に入れることでどのような効果があるのか、今までよりも何が良くなったのかにフォーカスを絞って案内をしている。別に公共施設マネジメントを「都合の悪いもの」として隠しているわけではない。市民に対して伝えるメッセージとして大切なことは、公共施設マネジメントではなく、「サービスがどう変わったのか」「子どもたち・親御さんにとってどんなメリットがあるのか」である。

　そもそも、公共施設の問題は行政が経営感覚を持たなかったことで発生させてしまったにすぎない。原因者である行政が「公共施設マネジメントで」などとドヤ顔で自慢することでも立場でもない。テクニカルなことはプロとして粛々とやれば良い。こうした面でも公共施設マネジメントとは、点としての公共施設の統廃合などではなく、それぞれのプロジェクト

を行うことでどのようにまち・サービスが変わっていくのかがポイントであるし、クリエイティブなものであるはずだ。

　南城市では、庁舎等複合施設を活用してトライアル・サウンディングを実施してきた。南城市の庁舎等複合施設は60億円をかけて整備した巨大な施設で、敷地内・建物内には多くの余裕スペースがあり、十分に活用されていない状況であった。「市民に親しまれる庁舎」を目指していたことから、手続に訪れるだけでなく民間ベースで市民に身近なサービスも提供できる場にしていく可能性を探るため、トライアル・サウンディングを沖縄県内では初めて、そして庁舎としては全国で初めて実施した。南城市がウェルネス（健康）に力を入れていることもあり、キッチンカーなどの「よくあるコンテンツ」だけでなく、早朝ヨガ、マッサージ、エステ、簡易託児所、ネイルサロンなどのコンテンツが次々と庁舎のあちこちで行われていった。更に、本来はトライアル・サウンディングの対象ではなかったはずの庁舎に隣接する公共駐車場ではドライブインシアターも行われた。南城市の庁舎は22：00までフリースペースを開放していることや地域公共交通であるNバスの発着点を兼ねていることもあり、中高生がフリースペースで談笑したり勉強する姿が日常の風景となっている。

　もはや、ここが公共施設なのか民間施設なのか、その境界線が良い意味で曖昧になっている。これもトライアル・サウンディングをやり続けたことによる副次的な効果であるが、公共施設マネジメントが「まちの再編」を目指すものであれば、このようにまちに公共資産が溶け出す、民間コンテンツを公共資産に積極的に取り込むことも大切でリアルなプロジェクトのひとつになるだろう。

　ちなみに、南城市では66の民間事業者がトライアル・サウンディングに参加し67事業を展開したが、これは「待っていて集まった」のではなく、南城市の職員がまちなかに出向いて営業してきたことが大きな原動力であったことを忘れてはならない。

（8）　随意契約保証型の民間提案制度

　このように、ホンモノの公共施設マネジメントを進めていくうえでは行

政だけの経営資源で、しかも旧来型の思考回路・行動原理や計画行政だけではうまくいかない。柔軟な発想でまちとリンクしながら、公共資産を媒介としながらまちをどう再編していくのか、そうしたことが求められる。そのまちの持つ地域コンテンツや地域のプレーヤーの方々と連携しながら、地域課題にあったプロジェクトを蓄積しながら、まちの新陳代謝を促していくことが不可欠である。そのためには民間事業者と行政がビジネスベースで手を組んでいくことが自然の流れとなっている。

　2023年9月現在、約100の自治体で随意契約保証型の民間提案制度が制度化されており、例えば流山市のFM施策の事業者提案制度では次のように書かれている。

　流山市では、他自治体や民間事業者からの提案・アイディアを基に「2つのPPP（Public Public Partnership：官々連携／Public Private Partnership：官民連携）による各種FM施策を展開しています。「FM施策の事業者提案制度」は、この発展形として「本市のファシリティを使ってできること」について民間事業者のノウハウを生かした提案を求め、採用された案件について、本市との協議（デザインビルド）により詳細協議を行い、諸条件が整った場合には提案者と随意契約して事業化します。

　（FM施策の事業者提案制度の特徴）

　FM施策の事業者提案制度は、流山市の「2つのPPP」によるFMをより効果的・効率的に進めていくための重要な制度です。協議成立時に提案者と随意契約を締結して事業化することが最大の特徴と成っています。

　（流山市の通常のFM施策との違い）

　通常のFM施策は、（他自治体や民間事業者からの提案も受けつつ）流山市として対象施設・事業概要等の条件整理を行い、できるだけ早い段階でプロポーザルコンペを実施し、詳細は優先交渉権者との協議（デザインビルド）により決定しています。

　「FM施策の事業者提案制度」は、テーマ（対象施設・事業概要等）を定めず、民間事業者から「流山市のファシリティ」でできることを自由に提案してもらうものです。

　（市場化テスト・行政サービス民営化制度との違い）

　市場化テストや行政サービス民営化制度は、あらかじめ行政が「既存の

行政サービスの枠内」で既存の事務事業のパートナーを募集するものですが、「FM施策の事業者提案制度」は、流山市のファシリティを活用する事業であれば、内容や規模は問いません。

　市場化テスト等と比較して、「行政では思いつかない・民間ならではのノウハウを活用した」自由で広範な提案を期待するものです。

　民間事業者はそれぞれ自社ならではのノウハウ、知的財産を保有している。民間事業者にそれぞれが有する知的財産を活用して、公共資産でクリエイティブなプロジェクトを展開していただくのが随意契約保証型の提案制度のポイントである。（もちろん、小手先だけでやっては全く意味がないが、）行政がまちとリンクしていくための手法として非常に有効な手段となってくる。

（9）　公共施設「マネジメント」を進めるために

　公共施設マネジメントが進まないのは、旧来型の行財政改革の事務事業・コスト・人員削減と同様に「カネがないから公共施設を減らせば良い」と、ハコの総量にフォーカスを絞ったことに原因の一端がある。行財政改革により行政が自ら「身を切る」こと、「襟を正す」ことである程度の成果がコスト削減という面で出てきたことは間違いないが、公共施設は市民生活・まちとリンクしている。もちろん、（経営感覚を持たずにイニシャルコストだけを調達して整備してきた）施設総量を削減していくことは自治体経営上、不可避で喫緊の問題であるが、それ以上にまちの魅力を高めて新陳代謝を促していくことが重要な要素となってきている。

　行政が発想を転換していくことが大前提となるので、庁舎に閉じこもり計画ばかり作ったり眺めたりしていても、そこにはヒントも解決策も見えてこない。公共資産はまちとリンクしている。だからこそ、まちへ積極的に出ていろんなものを見て感じて、いろんな方々と話をしてつながっていく。それこそが本当の意味での生きた「マーケティング」になっていく。

　そして、目の前にある課題に真摯に向き合い、持てるリソースを分析しながら徹底的に手を動かして試行錯誤をしていく。オーダーメイド式で具

体的な方法論を見出すことが「イノベーション」である。公共資産を活用しながら自治体（≒企業）に求められる2つの機能、マーケティングとイノベーションを行っていくことが公共施設マネジメントとなる。

　更に、組織に特有のミッションが「まちを経営」することだと捉えれば、ハコモノとしての公共施設をどうするのかといった狭い視野ではなく、公共施設マネジメントはまち全体を対象としたもっとクリエイティブで楽しいものになってくるはずだ。

2 「何のために」を見つめ直す

1 意識「が」低い

（1） 意識「が」低い系の思考回路

　自分たちでなんとかしようとしないから、国が音頭を取ろうが、目の前の公共施設が悲鳴を上げていようが「どこ吹く風」になってしまい、まちが衰退しても「どうせ自分たちの力では」と誰かのせい・社会のせいにしてしまっていないだろうか。要は「自分たちのまち」を「自分たちの力で」「よくしていこう」という思考回路でなく、他者依存・責任転嫁・事勿れになってしまっている。目の前の問題から目を背けたり表面的・短絡的・短期的・限定的に「その場だけ」を取り繕うとする時点でプロとして失格である。

（2） 長野市の青木島遊園地廃止

　そんななか、目を疑うような記事がネットに掲載された。

　長野市で青木島遊園地が周辺住民からの苦情により廃止されるというものである。この遊園地（実質的には公園）は都市公園法に基づく都市公園ではないものの、近接する児童センターに訪れる子どもたちが遊ぶ場となっていた。一部の近隣住民、実際にはたった一人の市民から「うるさい」「子どもたちが走り回ってほこりが舞い、車が汚れる」などと苦情が出るようになった。市は数年かけて園内に数m幅の帯状にツツジを植栽してこの苦情主のところに近づかないようにしたり、出入口の位置も変更するなどの物理的な対策と共に、児童センターでは、子どもを迎えにきた保

護者にエンジンを止めるよう呼びかけるなどのソフト面の対応もしたが、苦情は収まらなかった。そのようななかで、苦情主が児童センターを直接訪れ、遊園地で子どもが静かに遊ぶ方法を考えるよう求めたことが廃止の直接の決め手になったという。もちろん、「ネット上の情報だけでは正確な背景や細かい経緯などがわからないので、鵜呑みにするのは危険であるが」という前置きをしても、やはり衝撃的なものである。更に2023年には青木島遊園地の解体工事に際し、児童センターの子どもたちが感謝の気持ちを込めたプラカードをつくり、遊園地で記念撮影をしようとしたところ、市社会福祉協議会の職員から「全ての子どもがそう思っているわけではない」として、プラカードの掲出すらできなかったという報道もされている。

　「公園で子どもたちが遊ぶのがうるさい→行政が税金を投下して（効果的かどうかは別として）物理的な対策→一部の住民（たったひとり）の苦情が収まらない→苦情主が児童センターへ突撃→行政がギブアップして遊園地廃止」という構造になっている。

　青木島遊園地は都市公園法に基づく都市公園ではなく、例規集を見る限り「○○遊園地設置及び管理に関する条例」は見当たらないため、公の施設にもなっていない地方自治法の位置付けも曖昧な財産である。公の施設ではないため、廃止する手続きとして議会の議決は不要で、執行権の範囲でいつでも廃止することが可能である。

　このエリアを見ると、周囲には児童センター等の公の施設も存在しているが、これらの廃止は議決が必要となり難しいことから、手続き上簡単に廃止できる遊園地の廃止と苦情主の溜飲を下げることをバーターにしたのが真相ではないだろうか。長野市としては、このバーター取引によってこの件は収めることがことできたかもしれないが、その場だけを取り繕う対応をしてしまったことによって、大きな禍根や「前例」を残してしまった。

　地元要望などを基に設置している遊園地は市内に521カ所も存在しているが、たったひとりが廃止を申し出たら長野市は他も廃止することになってしまう。更に報道によると課長の話として、今後、同様の場所に遊園地の設置要望があった場合は「今回のような問題があったことを説明した上

で、断ることになると思う」との見解を示している。

　今回のたった1件、たったひとりの市民からの苦情によって長野市は「今後は住民要望があっても遊園地は設置しない」というネガティブな判断基準をつくってしまったのである。どうしたらできるのか、どういう配慮が必要なのか、別の選択肢がないのか、本来はそうした部分にこそプロとしての行政の役割が求められるのではないだろうか。

　そして、この件ではネガティブな方向に既成事実化されてしまったわけだが、仮に長野市がもっと早い段階でこの問題をオフィシャルに示して世論の声や市民の反応を見ることができたら「たったひとりの我儘に屈するな」という世論を形成することもできたのではないだろうか。

2　行政のプロとして

（1）　学ぶべきこと・やるべきこと

　行政は日々、市民生活と向き合うことから、どうしても市民の様々な意見を耳にしたり対応することが求められてくる。「苦情」と見えるもの・感じてしまうことのなかには、まちの大切な課題や将来に向けたヒントも多く存在していることは間違いない。そうした意味で、市民の声へ真摯に向き合うことは大切である。

　一方で、単なるクレーマーやあまりにも自分本位な主張を繰り返し、怒声を浴びせてくるごく一部の市民がいることも事実である。ほとんどの市民は忙しいし、日常的に役所を相手に何かすることもないので、特に問題がなければ役所に意見をしたりすることはない。

　筆者も15年間の公務員生活で経験してきたことなので間違いないが、ほぼ全ての公務員は自分にとりつく数名のクレーマーを抱えている。「ごく一部の非生産的な声≒市民の声」として錯覚したり、そうした市民であっても有権者であることから「しっかりと市民の声を聞くように」と指示する市長、幹部職や議員も残念ながら多いことから、このような恐ろしい事態が「あるあるネタ」となってしまう。

　理想論から言えば「ごく一部のクレーマー的な市民の声」に惑わされ

ず、正しいと思うことをやろうとなるのだが、残念ながら現実的にはなかなか難しいことも多い。ただ、そこで諦めたら終わってしまう。やはりここでも大切なのは「ビジョン」と「コンテンツ」である。

　長野市の事例で考えれば「（都市公園法に基づかないものではあるが）公園は何のためにあるのか」を、行政としてこの事象だけにとらわれず、みんな・賑わいなどの抽象的なマジックワードを使わないで再定義していくことある。重要なのは「あれもこれも」ではなく、目的をひとつに絞ることである。「周辺住民が求める静かさ」と「こどもたちが走り回る活発さ」は両立しない。八方美人でその場だけを取り繕っていると、結果的に自分たちが板挟みになり、最後には誰も幸せにならず「短絡的な廃止」しか選択肢が残らなくなってしまう。

　ビジョンを明確にしたら、それを実現していくために「何をするのか」コンテンツを作っていく。

　市民ワークショップもひとつの方法論かもしれないが、「どんな公園がいいですか」ではなく、「あなたは公園で何をしますか（具体的にはどのような頻度で誰と訪れ、どのような時間を過ごしますか）」を聞いていくことや、しっかりと財政的・物理的な制約や市民の声を聞く範囲など与条件を明確にした上で実施することが重要である。

　更に言えば、こうした事例が発生する前からこのようなビジョンとコンテンツを明確にしたうえで、プレスなども活用しながら「我がまちの公園はこうしていく」と共通認識を醸成していくことが大切だろう。

　ビジョンは立ち戻れる原点になる。筆者も対象が都市公園ではなかったが、公務員時代に1回の議会で1つのプロジェクトについて8人の議員から一般質問を浴びせられたことがある。角度や視点は様々であったが、ほとんどの質問は細部に関するもので議論しても見解や立場の違いで理解を得ることが難しいと判断し、「プロジェクトの大義」だけで答弁を行い、細部については一切答えない対応で乗り切った経験がある。

（2）　覚悟・決断・行動

　いずれにしても行政のプロとしての「覚悟・決断・行動」が長野市では

足りなかったと考えられる。残念なことであるが、つまらないことでゴチャゴチャしていたり、足を引っ張りあったり、既得権益が大きな声を出しているまちから人は逃げていく。多くの人は非生産的なことに巻き込まれたくない。ごく一部の人たちのために大多数の善良な市民が犠牲になってはいけない。そして、善良な市民がサイレントマジョリティだからといって甘え、上記のようなごく一部の声を重視してしまうまちに未来はない。長野市では、サウンディングの結果を基に「包括施設管理業務は実施しない」ことを公表しているが、これも青木島遊園地と似た思考回路に基づくものだと考えられる。

　人の流動性や物流が今後も飛躍的に進んでいくなかで、まちは「選ばれる」まちと「捨てられる」まちに二極化していく。北海道日本ハムファイターズを巡る北広島市と札幌市の関係も非常に象徴的である。皆さんのまちはどちらへ向かっているだろうか。

3 脱VFM、脱事業手法比較表／手法論からの脱却

1 事業手法比較表とVFM

（1） よくあるパターン

　PPP／PFIによるプロジェクトを検討するときに、必ずと言って良いくらい登場するのが「事業手法の比較表」と「VFM（Value For Money）」である。本来は、PPP／PFIによるプロジェクトと呼称しているあたりが本質的ではないが、ここでは事業手法の比較表などに依存するザ・PPP／PFIの課題を考えてみたい。

　筆者がPPP事業手法検討委員会の委員を務めている富山市でも、毎回、どのプロジェクトでもほぼ100％の確率で事業手法比較表とVFMをベースに事業化の可否や事業手法を議論しようと、担当課の職員と受託したコンサルが意気揚々と説明する。しかし、筆者も含めた委員が「ポイントはVFMではない。何のためにやるのか・やりたいのか、エリアの（不動産的な意味も含めた）価値とどう結びつくのか、なぜ事業手法の比較表から入るのか」と毎回指摘することが恒例となっている。

　残念なことに、富山駅北口のホール建設を含め、担当者やコンサルから的を得た答えが返ってくることは皆無に近いし、最悪の場合にはコンサルが「これがPFIの検討手法ですし、優先的検討規程でもこのプロセスが定められています」と逆ギレしてきたことすらある。

　市民にとって大切なのは、「どんな事業手法を使うのか、誰が設計・整備するのか、VFMが何％なのか」ではなく、「そこからどんな未来が創出されるのか、どの様なメリットがあるか」である。

（2） そもそも VFM とは

　VFM の基本に戻って考えてみよう。内閣府の「VFM（Value For Money）に関するガイドライン」では VFM について次のように記されている。

　「国が PFI 事業を実施する上での実務上の指針の一つとして、特定事業の選定等に当たって行われる VFM（Value For Money）の評価について解説するものである。」

　つまり、地方公共団体が発注する PFI 法に基づく PFI に対するものではなく、国直轄事業を対象にしたものであるが、この考え方が PPP／PFI のアクションプラン、優先的検討規程の策定要請等、PFI 法を所管する内閣府の考え方を反映したものであることは間違いない。そして、ほぼ全ての自治体における PFI の導入指針や PPP／PFI の優先的検討規程もこの考え方を踏襲したものになっている。

　では、このガイドラインの内容を抜粋しながら見てみよう。

　「（1）VFM（Value For Money）とは、「支払に対して最も価値の高いサービスを供給する」という考え方である。

　（2）公共施設等の整備等に関する事業を PFI 事業として実施するかどうかは、PFI 事業として実施することにより、当該事業が効率的かつ効果的に実施できることを基準としている。PFI 事業として実施することが公共部門が自ら実施する場合に比べて VFM がある場合、効率的かつ効果的に実施できるという当該基準を満たす。したがって、PFI 事業としての実施を検討するに当たっては、VFM の有無を評価することが基本となる。

　（3）VFM を評価する要素としては、支払とサービスの価値の2つがあるが、基本方針においては、支払は、事業期間全体を通じた公的財政負担の見込額の現在価値であり、サービスの価値は、公共施設等の整備等によって得られる公共サービスの水準である。

　（4）本ガイドラインにおいては、公共が自ら実施する場合の事業期間全体を通じた公的財政負担の見込額の現在価値を PSC（Public Sector Comparator）といい、PFI 事業として実施する場合の事業期間全体を通じた公的財政負担の見込額の現在価値を PFI 事業の LCC（LCC：Life

Cycle Cost）ということとする。

（5）同一の公共サービス水準の下で評価する場合、VFM の評価は PSC と PFI 事業の LCC との比較により行う。この場合、PFI 事業の LCC が PSC を下回れば PFI 事業の側に VFM があり、上回れば VFM がないということになる。

（6）一方、公共サービス水準を同一に設定することなく評価する場合、PSC と PFI 事業の LCC が等しくても、PFI 事業において公共サービス水準の向上が期待できるとき、PFI 事業の側に VFM がある。また、PFI 事業の LCC が PSC を上回っても、その差を上回る公共サービス水準の向上が PFI 事業において期待できれば、PFI 事業の側に VFM があるといえる。ただし、この場合においては、期待できる公共サービス水準の向上が何らかの方法により PSC や PFI 事業の LCC と同一の尺度で定量化できることが前提条件となる。

（10）VFM は単に計算すればよいというものではなく、事業の企画、特定事業評価、事業者選定の各段階において、事業のスキームについて検討を深めつつ、改善を図るべきものである。その際には、各段階の状況を適切に反映させつつ段階的に評価を試みることが必要である。

（11）VFM の源泉の要素としては、ライフサイクル全体を民間にゆだねること、つまり、リスクの適切な分担、組み合わせのメリット、早期実施による便益の向上等が挙げられ、これらを明確に意識し、どのように向上させていくのか議論することが重要である。」

乱暴に言ってしまえば、というより一般的に用いられている概念で VFM を説明すれば、「従来型手法によるコスト（PSC）と比較して PFI 事業を用いた際によるコスト（PFI-LCC）が何％安くなるのか」の定量的評価である。ただし、当たり前であるが PFI では民間ノウハウによる質の向上も見込まれるため、定性的な評価も考える必要があると説明されている。

（3） VFM のわかりにくさ

筆者も公務員時代、区画整理事業に伴って移転する小学校に児童館・福

社会館・学童ルームを複合化した小山小学校等複合施設建設事業におい
て、はじめて「PFI法に基づくPFI」の可能性調査（と施工段階）を担当
した。この当時、流山市の思考回路は非常に単純で、学校建設に関するイ
ニシャルコストが単年度の一般財源で確保できないから延べ払い・割賦払
いのためにPFI法に基づくPFIを選択していた。つまり、VFM云々より
前の段階での事業手法ありきの残念でプアな選択・意思決定であった。こ
の可能性調査の段階における庁内や議会への説明で論点になったことの一
つがVFMである。

　可能性調査の段階でPSCを算出する場合は、建築物の用途・構造・大
まかな面積やグレードを設定し、それに㎡単価をかけてイニシャルコスト
を想定する。ランニングコストも先行事例の実績や想定する設備の運転時
間・消費エネルギー等から概算で算出するしかない。百歩譲って、これは
行政側である程度コントロールできる要素であるため、PSCは「それな
り」に算出することができるかもしれない。

　一方でPFI-LCCは、その時点では「誰が」「どんな企画」「設計」「施
工」「運営」「維持管理」するかわからないので、内閣府のPFI優先的検
討規程のモデルケースに記されているようにPSCと比較してイニシャル
▲10％、ランニング▲10％など「ざっくり」と「事業者でない誰か」が算
定することとなる。

　そして、このPSCとPFI-LCCの比較をするうえでは、前述のように
「構造」「延べ面積」「運営時間」などの条件をある程度揃えることが前提
になる。本来は性能発注こそがPPP／PFIの根幹であり、民間の創意工
夫を誘発するうえで重要な要素であるはずなのに、VFMを算定するため
にベースラインをある程度揃える「仕様」が必要となり、仕様によって事
業の大枠が固定されてしまう本末転倒な構造となってしまう。

　こうしてなぜか（一部でサウンディングは行われるかもしれないが、）
事業の実施主体となる民間事業者やプレーヤーが不在のまま、発注者たる
行政とプロジェクトの結果責任を持たないコンサルの間で「仕様」に依存
した「机上のVFM」が算定される。そして、この表層的・定量的な検討
結果をもとに、そのまちの未来を左右しかねない大型事業の実施方針や特
定事業が決定されていく。

この一連の VFM に依存したプロセスでは「ハコモノをどう調達するか」に主眼が置かれ、ビジョン・コンテンツや誰が経営するのかが十分に検討されることはほとんどない。だからこそ、短絡的なサービス購入型 PFI-BTO（ハコモノ整備後に所有権を公共に移転）≒割賦払いに限りなく近いハコモノ PFI、悪い場合には公営住宅に多いが、民間事業者が運営に関わることすらない（≒維持管理・運営から事業全体を考える必要のない）BT になってしまう。

（4） PFI-LCC でなぜコストが削減できるのか

本来、PFI-LCC の算定におけるイニシャル・ランニングコストが削減できるのは、発注者の規定する「性能発注」による要求水準書に対し、民間事業者が独自のノウハウを活用して資金・資材等を調達・効率的な運営ができるプランを検討・経済合理性とサービス水準から選定した人材によるサービス提供することなどによる。

つまり、要求水準書で諸室の面積や仕様などが固定されればされるほど、民間事業者がノウハウを活用できる余地がなくなっていく≒VFM が小さくなるとともに、サービスの質が低下していく。

こうした視点で、さいたま市の大宮区役所新庁舎整備事業における要求水準書を見てみよう。要求水準書では「諸室諸元表」なるものが延々と11ページにわたって続く。民間事業者は要求水準書だけでなく、そこで記されたそれぞれの「別表」で書かれた諸室ごとの詳細な諸条件を満たすことが求められる。こうした事業（≠プロジェクト）で民間事業者に要求されるのは、もはやクリエイティビティではなく、要求水準に記された「仕様とコストを組み合わせるパズル」を解く力になってしまう。

発注者たる行政が、旧来型の思考回路で過剰にリスクヘッジしたり、市民や議会などからの「こうあったらいいな」の要望を無条件に受け入れたり、自分たちにとって都合の良い条件を単純に蓄積していくと、残念ながらこのような100ページを超える入札説明書等が出来上がってしまう。

（もちろん、ここには本当の意味でのリアルなビジョン・コンテンツも記されていないし、コンサルタントはアドバイザー業務なる名の下に、こ

の分厚い資料に引けを取らない対価として、数千万円のフィーを得てい
く。）

（5） 現在価値への割戻し

　単年度会計現金主義に染まった行政において、更にVFMの理解を妨げ
るのが現在価値への割戻（割引率）である。内閣府のホームページでは
VFMと絡めて次のように説明がされている。（以下抜粋）

　「Ｑ３−１：割引率とは何ですか。Answer財政負担の見込額の算定（地
方公共団体が直接実施する場合とPFIを導入する場合）に当たっては、
現在価値にて比較することが求められます。割引率とは、支出または歳入
する時点が異なる金額について、これらを比較するために現在価値に換算
する際に用いるものです。具体的には、割引率をｒとした場合、来年の
100円は、今年の100／（１＋ｒ）円の価値に等しくなり、これが来年の
100円の現在価値です。例えば、割引率を４％とすると来年100円の現在価
値は96.15円となります。96.15円を４％で運用すれば、１年後に100円とな
るという関係です。」

　実際に、前述の流山市におけるPFI事業では幹部職・議員が揃って
「100万円は100万円だろ。何で100万円が過去・将来になったら99万円に
なったり101万円になるんだよ。民間に騙されているんじゃないか。だか
らPFIはアヤシイ。」と、恥ずかしいくらい世の中とリンクしていないお
小遣い帳理論を振りかざし、話が全く進まない状況であった。（こうした
割引率・金利や複利の考え方は、資本主義経済の基本であり、「PFI法に
基づくPFI＝アヤシイ」の議論ではそもそもない。）

（6） 従来型VFMすら理解が難しい

　未だに従来型公共事業とやり方や手続きが異なるというだけでPFIア
レルギーが一部の職員・議員が強いのに、更にこうした論理的なハードル
が拒絶感を倍増させてしまう。「VFMがわからないからPFI反対」など
は、本質論である「そのプロジェクトがまちにとって合理的なものか、価

値のあるものか、投資に値するものなのか、そこから得られる未来が期待できるのか」等からかけ離れた虚しい反対理由でしかない。一方で従来型VFMが「アヤシイ」から判断に迷ってしまうのは、わからないでもないし、確かにそういう側面もあるだろう。

　そして、従来型VFMは何%「マシ」になるのかに過ぎないのである。そもそも、従来型VFMは「実際には行わない」設計・施工・運営を元にPSCを算定する。根拠が非常に乏しいし、そこにかけられるマンパワー・コスト・熱は類似事例からの按分であったり、前述のように「行政・コンサルの想像の範囲内」で作られた従来型事業の域に留まる「仕様・面積の積み上げ」に、工事単価や運営コストを乗じたものでしかない。

　このように算定されたPSCに対して、PFI-LCCは民間がやったら調達力・ノウハウ等を活かして〇%くらいだったら削減できるだろうと、実際に資金調達や事業をするわけでもないコンサルが机上で計算したものに過ぎない。与条件たるPSCが中途半端なのに、（可能性調査やアドバイザリー業務委託においては）それをベースラインとしてどの程度削減できそうか比較したところで、それは旧来型行財政改革と同様、短絡的・表面的に「コストがどれだけ削減できるか」定量的評価にしかならない。もちろん、サービスの質という事業者それぞれのノウハウが直結する部分は、この時点で比較することなどできない。

　前述のようにビジョン・コンテンツの検討も曖昧なまま（あるいは「みんな・賑わい」などの言葉を羅列した総花的な基本計画のまま）、プロジェクトの質やそこから得られる姿の共通認識ができていない「中途半端な行政的事業≒机上のPSC」に対して、PFI法に基づくPFIを事業手法として用いたら、〇%表面的に安くなるのか≒マシになるのか計算しているだけである。

　このような結果、PFI法が施行されて約20年の間に、全国各地に（もちろん一部には優れたプロジェクトも存在するが、）仕様発注に限りなく近いVFM依存型、BTO方式のサービス購入型（≒割賦払い）PFIによる巨大なハコモノが次々と生まれてきた。こうしたハコモノ事業は、割賦払いとほぼ差がないことから、このようなPFI事業ができたところで、そのまちの財政状況が改善するわけでもなければ、事業へ投下した税金に見

合うほど市民生活が豊かになるわけでもない。

（7） 事業手法比較表も同じ論理

事業手法比較表も全く同じ構図である。

「何をしたいのか≒ビジョン」と「実現するために何をするのか≒コンテンツ」が十分に検討されないままPSCを算定し、PFI-BTO、PFI-BOT、リース、DBOなどの別の事業手法と比較しても、そもそもの与条件が魅力的なもの・価値のあるものになっていないので、「レベルの低い行政的事業が、異なる手法を用いることによって何％マシになるのか」を手法ごとに比較しているにすぎない。

残念なことにこうした「仕様発注で固められた創意工夫の働かない要求水準書等の作成」と「何％マシになるかの比較表」のために、プロジェクトに投下すれば大きな初期投資になるはずだった何千万円ものコストが、コンサルに流れてしまう。

更に、これに留まらず総事業費が数十億円～ときには100億円を超え長期間にわたる維持管理も含まれた（≒膨大なコストがかかる割に公共サービスとしての質が低い）ハコモノがまちに鎮座し、そのまちの財政に甚大な影響を与えるとともに、悪い場合にはまちの衰退を招いてしまう。

（8） VFMが悪いのではない

「VFMそのもの」が悪いわけではない。公共サービスとして提供する以上、貴重な税金（Money）を使うので、そこから得られる価値（Value）は当然、高価値であることが求められる。地方自治法でも「最少の経費で最大の効果を挙げるようにしなければならない」と規定されている。

第三セクター・指定管理者制度・サウンディング・随意契約等も同様だが、「仕組み」や「考え方」が悪いのではなく、行政（やコンサル等）の「使い方」に問題があるだけだ。

短絡的・表層的に「現在価値に割り戻したときに従来型と比較してPPP／PFIを活用した場合に何％安くなるのか」と、旧来型行財政改革と

同様、「コスト削減」が主目的化してしまっていることがVFMの運用上の問題だろう。更に、民間の創意工夫を促すはずの性能発注ではなく、ほぼ全ての要素が規定された要求水準書（≒行政の既成概念の範囲内）による仕様発注により、本来的な価値であるはずの「民間ノウハウによるクリエイティブで高価値のサービスの提供」は議論の俎上にも、採点表の主たる項目にもなることはない。

　様々な事業の検討段階で「類似の先行事例」を行政、そしてプロとして関わるはずのコンサルも、それぞれの「まち・やりたいこと・文化」などはお構いなしに要求水準書なども含めてコピペしていくことで、更にそれぞれのまちごとの制約条件を付加していくから「劣化コピー」が進行する。そこには、クリエイティビティの入る余地（≒定性的なVFM）はほとんど残っておらず、構想段階から楽をしようとすること（≒従来型VFMと事業手法比較表でなんとなく事を荒立てずに進めようとすること）で、ショボいハコモノ事業になるレールに完全に乗ってしまう。

2 ホンモノの VFM ≒ VFM 2.0

（1） 発注者の責任

　これらの観点から考えると、発注者たる行政がビジョン・コンテンツを
きちんと自分たちで先行して考え、関係法令・政治・文化・歴史・財政的
制約などのリアルで生々しい与条件を整理したうえで、民間事業者とのサ
ウンディングを経て精査していけば、「投資できる額（Money）」に対し
て「どの程度のリターンが得られるか（Value）」は公募時にある程度み
えてくるはずだ。

（2） 石川町――道の駅

　石川町では、2020年度に道の駅の整備に向けて基本計画（案）を策定し
たが、イニシャル・ランニングともにキャッシュアウトが前提のもので
あったため、議会で問題視され差し戻しとなってしまった。論点は非常に
明確で「財政的に町として支えられるようなプロジェクトではない」こと
であった。そこで、2021年度に「売上から逆算して町としての一般財源
（起債の町負担分を含む）が総事業費ベースで生じない」ことを前提に再
検討することとなった。道の駅または道の駅類似施設を造成・イニシャル
から独立採算で行っている民間事業者を指定管理候補者として先行決定
し、事業の詳細は指定管理候補者との協議で決定していく運営事業者先行
決定方式を採用することで、課題となった論点を解決するともに、リアル
なプロジェクトとして成立させる方向を見出している。
　この検討過程では一部、基本計画に昨年度の検討内容も盛り込む必要が
あったためそれらしい表現は残っているが、VFM も事業手法比較表も全
く作成していないし、議論の俎上に乗ることもなかった。
　このプロジェクトに投下できる財源（Money）は「指定管理者から町
への納付金相当額（指定管理委託料として支払）＋基盤整備に要する交付
金＋起債のうち交付税措置される分」として、「産業振興の場」が創出さ
れることを Value として位置付けている。町として支出する一般財源を

事業期間内で回収する「逆算開発」をベースに、サウンディングでも複数のオペレーターから好感触を得ながら進めてきた。

（3） 常総市──あすなろの里

　常総市のあすなろの里は、当初約60,000千円／年のキャッシュアウトをしていた農業体験・キャンプ等ができる少年自然の家のような施設であり、経営的には完全な負債であった。「里山を翻訳していく」ことをビジョンとして掲げ、徹底的な営業をしながらのサウンディング、そして全国初となるトライアル・サウンディングでは「かけっこ教室×キャンプ」、「森の生活（アウトドア×本)」、「ロマンチストとシャングリラ（コンサート)」等を次々と仕掛けていった。

　こうした動きが功を奏し、売り上げが減少して撤退してしまった食堂は、完全民間資金で内装を含めて「あすなろの里ダイニングカフェ」としてリニューアルオープンすることとなった。更に、2021年度にはキャンプサイトに限定して指定管理者を公募し、2022年度からは民間ノウハウを活用したキャンプサイト「RECAMP 常総」として、市に納付金を納入する場として一部のエリアから再生することとなった。

（4） 久米島町──バーデハウス

　久米島町の海洋深層水を活用したスパ、バーデハウス再生の再生にかかるプロジェクトでも、最初に検討したのは「なぜバーデハウスが潰れたのか」を職員が自ら考えていくことであった。そのうえで「バーデハウスや久米島が持つポテンシャル」を１／10000の白図を用いて抽出し、再生に向けたビジョン・コンテンツの検討やプレーヤーを探していくための営業を前提としたサウンディングを進め、民間事業者の公募に至っている。

（5） 事業手法は自ずと収斂される

　前著『PPP／PFI に取り組むときに最初に読む本』でも紹介していると

おり、ビジョン・コンテンツを整理し、与条件や様々な物理的要素を整理していけば、「欲しい未来」を手に入れるための「現実的な事業手法」は自ずと収斂されてくる。物理的な要素を整理していく過程で、当然に「まちとしてそのプロジェクトに投下できるコスト」は明確にする必要があり、同時にそうしたコストに対して「そこから得られるリターン」とのバランスも考えなければならない。

　石川町の道の駅では、「プロジェクト全体で町としての一般財源ベースの負担がないこと（Money）」を前提に「産業振興の場を創ること（Value）」がVFMとなっている。常総市のあすなろの里では、サウンディング、トライアル・サウンディング等を「自らのマンパワーと覚悟を活用（Money）」して「民間ノウハウで食堂のリニューアル・イケてるキャンプサイトを創出（あすなろの里全体の再生の第一歩）（Value）」している。久米島町のバーデハウスでは、「強烈なポテンシャルを生かすとともに民間ノウハウを最大限に活用できるよう自由度を高くする（Money）」ことで「点としてだけでなく久米島町を盛り上げる（Value）」ことを意図している。

（6）　VFM 2.0

　上記3事例における Money は、PSC を前提とした「行政としての財政負担」だけではなく、まちとして「提供できる経営資源（ヒト・モノ・カネ・情報）の総体」である。そこから得られる Value も、PSC に対して現在価値に割り戻したときに何％安くなるかではなく、「まちの課題や再編にどれだけ貢献できるか、市民生活やまちの経済全体にどのような効果をもたらすのか」といった総合的・定性的な価値である。

　もちろん、それぞれのプロジェクトで従来型 VFM のような定量的な効果も、与条件の検討時に現実的なラインでサウンディング等もあわせて精査されているので「民間にぼったくられる」といったことはない。そして、これらのプロジェクトの検討過程では、事業手法の比較表も登場する余地がない。

　行政がそのプロジェクトに覚悟を持って「かけられるコスト

（Money）」に対して、行政と民間がパートナーシップを組むことによって「どれだけのサービスを創出できるのか（Value）」こそが本来的・本質的な VFM である。「行政としてかけられるコスト≒提供できる経営資源の総体」の範囲内で、民間事業者が持てるノウハウを活用してソリューションを提案してくれる、それを行政と民間がパートナーシップを締結して三次元の場に還元できるのであれば、十分に本当の意味での VFM が発現しているといえるのではないか。

　こうした考え方は「VFM の原点回帰」に他ならないと感じるが、世の中では残念なことに VFM が「どれだけ安くなるか」の指標に成り下がっている現実を見ると、原点回帰と表現するのは苦しいだろう。であれば、価値観をアップデートし VFM2.0 として、それぞれのプロジェクトの検討にあたることが現実的な選択肢になってくる。

　このように考えていけば、公共施設マネジメントはハコとしての公共施設の面積をいかに減らすか、どうやって複合化・集約していくかといった短絡的な視点ではなく、「まちをクリエイティブに再編」していくための手段の一つであることもわかってくるし、そのような考え方（≒VFM2.0）でプロジェクトを検討していけば、従来型 VFM（や事業手法比較表）に依存する場面はなくなってくるだろう。

　最後に、紫波町のオガールプラザはもちろん、PFI 法に基づく PFI（公共施設等運営権）を活用した津山市の糀ややグラスハウスでも、プロジェクトの検討過程で従来型 VFM は用いられていない（使う必要性がなかった）ことを記しておく。

4 絶対防衛ライン

1 スタートラインに立たない

（1）「計画」ありきではない

　「計画行政」を頑なに主張する人たちは、二次元の総花的・抽象的で「何も決まっていない・決めていない」計画になぜそこまですがるのか。結局は、三次元のリアルな世界でプロジェクトにするのを先送りしようとしている、自分で責任を負いたくないからだけではないだろうか。

　「何も決めない≒自分で責任を負いたくない」ことが、まちの衰退を招いている。

（2）　いつまでも決めない

　筆者も公務員時代も含めて現在まで「経営判断が必要な場面」に何度も遭遇してきた。ダメなまちは、市長も含む最終の政策決定の場でさえ、隣を見合わせて空気を読みながら誰かが発言するのを待ち続けて変な空気が流れる。そして、誰かの発言を契機に小さな不確定要素やリスクを突っつきながら徐々に「今やらないための屁理屈」を並べ始め、最終的には「時期尚早である」と「やる・やらない」の判断すらしない、何も決めないことになってしまう。

　「決めない」≒何もしないことでその場はプロ意識の欠如した集団では丸く収まるかもしれないが、その意味のない先送りを繰り返すことで後述のようにまちとしての選択肢が狭まっていく。

（3） 丁寧な説明・全員合意

　議会・関係団体や市民に対して「説明を尽くして全員合意を得る」、「大切な事業だから議会では全会一致が原則」といった話をする行政の関係者もいまだに多い。少数意見に耳を傾け、そのなかで本質的な意見は政策やプロジェクトに反映していく必要はあるが、なかにはそうした正論・理想論とは異なり「反対のための反対」をする人たちも残念ながら現実に存在する。

　「丁寧な説明」を永遠に繰り返していても、そもそも聞く耳を持っていない人・合意できる着地点を持っていない・持とうとしない人には意味がないし、時間の無駄である。全員合意も現実的ではないし、全員合意が取れるものは「遥か昔にやっておかなければいけなかったこと」か、「なんとなくの最大公約数で魅力の全くないもの」でしかない。議会のルールとして、一部特別議決のものはあるが、大半のものは過半数の同意で良い。議員（やそれなりの職責を持った人）はそれぞれの立場もあるので、理屈ではわかっていても公の場では反対しなければいけないこともある。こうした人たちも含めて、全員合意を取る意味が本当にあるのだろうか。

（4） 異動・退職・政治的変化を待つ

　このように「判断をしない」職員（や首長）の多くは、自分が「巻き込まれないように」して表面上の保身を図ることが優先し、異動・退職までの時間を稼ぐだけのために「時期尚早」というそれらしい屁理屈を持ち出す。非合理的な社会である行政のなかで、政治的にどうしても動かない瞬間があることは事実だ。一方で通るときは内容が不十分であっても通る。だからこそ、瞬間風速的に「今だ」となったタイミングで確実・迅速にできる準備は常にしておかなければいけない。時機は様々な手を使い試行錯誤するなかではじめて訪れるものであって、待っているだけでは絶対に訪れない。

　「あなたがやりたくない」ことと時期尚早は同義語ではない。時機は自分たちで作り上げていくものである。

（5） 選択肢がなくなる

このように「判断をしない」で将来へ先送りを繰り返している間に、まちは加速度的に衰退していく。前述のとおり、早い段階で対応すればあり得た選択肢が、手をこまねいている間に消失し、「魔改造 or 爆破」という究極の選択を迫られることになってしまう。ここまでのプロセス・時間軸の中で判断を下せなかった人たちが、このような窮地に陥って（冷静で適正な）覚悟・決断・行動できるわけがない。自分たちで時期尚早と言い訳している間に時期を逸してしまったのである。このような事態に陥ると、更に言い訳を繰り返したり、税金を投下し続けることで表面的に誤魔化して、まちの衰退スパイラルを自分たちの愚かさによって加速させてしまう。

2 やると決めてしまえば

（1） 行政のチカラ

このように「決めない」ことで自分たちのまちを衰退させていくわけだが、一方で行政は良くも悪くもマジメで事務処理能力の高い人たちの集団なので、「やると決めてしまえば」グレードは別として期限内に必ず一定の成果は出す。

（2） プロジェクトのスタート時点

「やると決めること」が何よりも大切であり、そのときに決めるべき重要事項のひとつがタイムスケジュールである。いつまでに何をどこまでやるのか、そのなかでもまずはプロジェクトの本格的なスタート時点≒竣工時点を定めていく。そして、このスタート時点を「絶対防衛ライン」として設定し、何がどうあっても変えないデッドラインとする。

絶対防衛ラインを定めない事業（≠プロジェクト）は、ちょっとした課題や困難に直面した瞬間に時間軸が崩壊してしまうので、いつまで経っても進捗していかない。更に前述のように言い訳を繰り返すことで、いつの間にか事業そのものが闇の中に葬られたりしてしまうことすらある。

同時に物理的・財政的な制約などの絶対に譲れない条件は、この時点で定めておく。例えば「飲食店は周辺の業態・単価と被らないこと」「行政の一般財源の負担を事業期間全体で〇億円」「（道の駅等の収益施設では）指定管理委託料は〇円、納付金は〇％以上」などといった項目である。

こうしたことを先行して定めてしまえば、プロジェクトそのものの変動幅を抑制することができ、「こんなはずではなかった」というリスクをある程度予防することができる。

だからこそ、この絶対防衛ラインは「絶対」なのである。

（3） 時間軸からの逆算

　絶対防衛ラインを定めてしまえば、そこに向けて「庁内の意思決定・債務負担行為の設定・測量等の基本的なデータ収集・発注〜プロポーザル・設計〜工事」といった必要なプロセスを時間軸とともに当てはめていけば良い。

　庁内の意思決定までの間でビジョン・コンテンツ（や与条件）がきちんと定められていれば、上記の時間軸をそこに当てはめていくことで、事業手法やひとつずつのプロセスにかけられる時間、議決などの重要なタイミングをどこに設定しなければいけないかなどの要素が、自ずと収斂されてくる。変数が多すぎ、それらの変数に密接な相関関係があることからいつまでも「決める」ことを躊躇してしまうこともあるので、上記のようにひとつずつ変数を FIX していくことが、決めていくために有効な方法論となる。そのなかで最も変動が大きく、同時に固定しやすい変数が時間軸なので、まずは時間軸を固定することが重要である。

（4） 見切る

　時間軸を定めてしまうと、ひとつずつのプロセスに投下できる時間も限られてくる。行政の場合は、（国会審議でも法案審議の時間≒検討の質のように報道されている影響もあるかもしれないが、）「検討に長い時間をかけることが良し」とする風潮が残念ながらある。

　経験上、同じテーマを論点も示さずフォーマットも用いずに長すぎる時間をかけて会議（≠議論）していると、しょうもない人たちから「何かあったらどうするんだ」と小さくて不確定要素の大きいリスクに対する意見が湧き出てくる。そうした人たちの「何かあったら」の具体論はないので、見えない・いるかいないかわからない敵を脳内で創出して、勝手にメンタルから負けてしまっているだけなのである。

　目に見える根本的なリスクを事前に排除することは大切だが、クリエイティブなプロジェクトを創出していくうえでは、潜在的なリスクはなかなか検討段階で見えてこない。やりながら対応することが現実的である。そ

うした意味で、時間軸を明確に定めてある程度のところで「見切る」、そしてまずは進めていくしかない。

　前述の常総市は、こうした「見切る」力が圧倒的に優れていたように感じる。包括施設管理業務では、様々な手を尽くしても債務負担行為が通りそうにないと判断した瞬間に上程することを取りやめ、その後に議会が自ら関心を持って視察にいったことを契機として即座に債務負担行為を設定した。様々な調整や財政的な制約から契約できる範囲は、当初の想定していたものとは程遠いチグハグなものとなってしまったが、「まずは契約する」ことを選択している。

　こうしたひとつずつの状況を読み、自分たちが覚悟・決断・行動すること、それこそが「見切る」ことである。見切り発車は、わかっていて選択する上では非常に高度な経営判断であり、決して悪いことではない。

（5）　決め方を決める

　「決め方を決める」ことも重要である。

　通常の行政の意思決定は、そこで決めたはずのことが予算編成・議会との調整・市民ワークショップなどで簡単に変質して、ビジョン・コンテンツも精査されておらず曖昧なことから軸がブレて、いつの間にか「やらない・やれない・やったら大変なことになる」ものになってしまうリスクを内包している。

　この「決め方を決める」重要性は前著「PPP／PFIに取り組む時に最初に読む本」でも解説しているが、「誰が・何を・どういう条件で・いつまでに・どこまで」やるのかと、「何を以って成果とするのか」を決めることを指している。

（6）　実は大切なこと

　行政の事業と民間のプロジェクトのもうひとつの決定的な違いは、損益分岐点・事業からの撤退ラインが設定されているかどうかである。

　イニシャルコスト・改修コストや関連する維持管理経費は予算書におい

て年度別予算や債務負担行為で設定されるが、それが本当に適正なのか、そもそもプロジェクトが十分な費用対効果を発生させているのかはチェックされない（行政における決算は「認定」行為であり、不認定でもプロジェクトそのものが法的に問われることはない）。

　プロジェクトの検討時点で、少なくとも毎年チェックできる損益分岐点とそこから下回ったら当該事業を全面見直し、休止もしくは廃止する撤退ラインが設定されていれば、関係者も緊張感が生まれてくるはずだ。そうした意味では健全に活用されることが大前提だが、第三セクター方式は非常に優れた手法である。

　時間軸はプロジェクトを進めていくうえでの絶対防衛ラインとなるが、プロジェクトとして本来設定すべき絶対防衛ラインは、「損益分岐点」と「撤退ライン」の2つである。

（7）　やると決めてやろう

　「やる」と決めて「やる」しか、まちのためにできることはない。

　覚悟・決断・行動、何度も繰り返しになるが、これが本気でできるかどうか、それぞれのまちにかかっているし、決してテクニカルなことでもない。テクニカルな部分が不安であれば、そうしたスキル・ノウハウ・マンパワー・資金を持ったホンモノの人たちと連携していけば良い。

　ほとんどのまちのいる位置はド底辺である。もはやこれ以上に堕ちることは難しいので、上に這い上がるしかない。

　「希望しかない」ので「やる」ことは怖いことではない。崖っぷちにいるのに、何もしなければ崖が崩れたり、ちょっとした風が吹いただけで本当に救えないところに堕ちてしまう。

　もはや崖っぷち、「やる」と決めてやろう。

5 ハードだけじゃない〜まちブック等

（1） マチブックとは

　「限りある市の予算。どんどん多くなる順番待ち。ならば、あなたのAmazonポイントを使ってポチッと寄付しませんか？ "待ち" の図書を、"街" のみなさんで解決する。それが『マチブック』プロジェクトです。」（マチブックHP）

　なんとステキなプロジェクトだろう。

（2） マチブックの価値

　「人口の急激な増加に伴い、流山市図書館では人気の児童書が20週待ち以上。読みたいときに読めない状況が生まれています。とはいえ、予算が限られている市の図書費。多様な市民の読書ニーズにこたえるためには、市としても人気の児童書ばかりを揃えることはできません。」（マチブックHP）

　そのとおりである。ほぼ全ての自治体が財政的に非常に厳しい状況にあり、今回の新型コロナで（表面上はコロナ臨時交付金等で取り繕ってきたが）実質的にはほとんどトドメを刺されたような状況にある。

　自治体の予算で真っ先に削られるのは「図書購入費」などの小さなところであり、そうしたしわ寄せは残念ながら「将来を担う子どもたち」に行ってしまう。

　「ならば、人気の児童書はAmazonのウィッシュリストでポチっと寄付しましょう。マチブック ウィッシュリストには、待ちの多い人気の児童書を登録しています。ポチっと寄付したら、読みたい子どもたちに届きま

す！」（マチブック HP）

　非常にシンプルな仕組みであり、協力する側も本を一冊購入する単価
（1,000〜2,000円程度）で確実に誰か、特にこのプロジェクトでは直接的に
将来を担う子どもたちの役に立つ。そして、Amazon なので何気なく溜
まっているポイントも活用できる。

（3）　地域プレーヤーの素晴らしさ

　「このプロジェクトは、流山市民発のボランティアプロジェクトです。
無理なくスマートに街の課題解決を目指します。」（マチブック HP）

　なんと、これを企画・実践したのは流山市民を中心に数人の志ある方々。
応援したくなるし、こうしたプレーヤーがいる流山市、筆者も居住してい
るが、これまで地域貢献はきちんとできていなかったが、こうしたところ
に協力することで少しだけ地域のためになることも実感できる。

　そして、このプロジェクトではあっという間に100冊の本が集まった。

　流山市も行政として、これにどうリンクできるのかが問われる。決して
受動的・反射的に利益を享受するフリーライダーではいけないが、残念な
がらこの取り組みを一緒になって拡大していく、あるいは他のプロジェク
トともリンクさせていくといったクリエイティビティは働いていないよう
である。

（4）　千葉市——サンタクロース大作戦

　類似した仕組みは、千葉市が「サンタクロース大作戦2020」として児童
養護施設等で暮らす子どもたちを対象に先行して実施している。Amazon
「ほしい物リスト」を活用して児童養護施設で暮らす約200名のこどもにプ
レゼントを届けるというものである。児童養護施設の職員がこどもたちの
希望に沿ったラジコンや現時点で必要な抱っこ紐などを、心のこもった文
章と共にリストに掲載し、それをみた善意ある方が調達する。

　非常にシンプルな仕組みであるが、こども達にとってかけがえのないプ
レゼント・体験につながっていく。

（5） 小さなプロジェクトの意義

　筆者は「現場重視・実戦至上主義」を掲げ、小さなプロジェクトの組成にも力を入れているが、こうした小さなプロジェクトの蓄積がひとつの施設の維持管理費、諦めていた事業の原資、支えなければいけないサービスの提供に必ず役に立っていく。こうしたプロジェクトの総体がまちを創り、まちを再編していくはずだ。

　マチブックの仕組みは、善意ある方から本という現物を調達するという面では PFI であるし、地域プレーヤーの方々のスキル・熱意や Amazon ウィッシュリストという民間コンテンツとの連携という面では PPP である。

　内閣府が PPP／PFI の優先的検討規程のモデルで示した基準を単純に準用し、ほとんどの自治体の優先的検討規程では「総事業費10億円以上、年間の維持管理費１億円以上」のものを PPP／PFI の対象としてしまっている。しかし、実際には現場レベルでこうした規模は小さいけれどクリエイティブな PPP／PFI プロジェクトも本気になれば、まちに真摯に向き合えばすぐにできることを忘れてはならない。

6 まちの新陳代謝

1 ザ・公共施設マネジメントの迷走

（1） ザ・公共施設マネジメント脱却のための3要素

　後段でも改めて解説するが、「財政が厳しいから公共施設の総量を減らせば良い」という旧来型行財政改革の短絡的な削減一辺倒のザ・公共施設マネジメントが残念ながら機能しないことは、現在の世の中を見れば明らかである。

　「ザ・公共施設マネジメント」が通じないのであれば、そこから脱却するしかないが、そのキーワードとなりうるのが「負債の資産化・まちの再編・まちの新陳代謝」の3つである。ここでは、そのなかでも「まちの新陳代謝」にフォーカスを絞って考えていく。

（2） ノーリアリティの総合管理計画

　総務省は、公共施設等総合管理計画の見直しを2022年3月末までに行うことを自治体に求めていたが、「令和4年度の地方財政の見通し・予算編成上の留意事項等について」次のように記している。「なお、公共施設等総合管理計画については、令和3年度中の見直しを進めていただいているところであるが、新型コロナウイルス感染症の影響等により見直しの完了が令和4年度以降となる地方公共団体においては、適切に見直しを進め、令和5年度末までに見直しを完了していただきたい。これに関し、地方公共団体が適切に見直しを実施できるよう、専門家の招へいや業務委託等、公共施設等総合管理計画の見直しに要する経費に対する特別交付税措置を

令和5年度まで延長することとしている。」

　そもそも、この改訂に関する総務省通知「令和3年度までの公共施設等総合管理計画の見直しに当たっての留意事項について」では、新型コロナウイルスの「コ」の字も一度も出てくることはないにもかかわらず、改訂期限の見直しはコロナを理由としている。

　更に新たに改訂にあたって定める事項としては「過去に行った対策の実績・施設保有量の推移・有形固定資産減価償却率の推移・ユニバーサルデザイン化に関する基本方針」が主なものとなっている。冷静に考えれば、この通知の出された当時は新型コロナウイルスがまだ得体の知れなかったものであり、リスクヘッジの観点から公共施設は軒並み休館、休校を迫られていた。そして、新型コロナウイルスは同時に旧来型行政で重宝されたマジックワードの「賑わい」「気軽に集える」「みんなが寄り添う」といった概念を根本から覆し、公共施設のあり方だけでなくそもそもの存在意義を問うものとなっていたはずだ。にもかかわらず、残念ながら2014年の総合管理計画の策定要請の骨格を踏襲し、「施設総量」にフォーカスを絞っているのは、大幅に変更すると自治体が混乱するという配慮があったのかもしれないが、やはりザ・公共施設マネジメントが旧来型行財政改革の一環であり、「行政の歳出におけるコスト削減」のみが総務省の関心事となってしまっていたからであろう。

　国の方向性には何ら疑問を持たず従順に従う自治体は、このザ・公共施設マネジメントで「公共施設の老朽化問題が解決する」と無垢に信じ、総合管理計画⇒個別施設計画⇒総合管理計画の改訂という計画づくりの無限ループに陥ってしまっている。さらにタチの悪いのは、この計画づくりの無限ループに入り込んで二次元の計画策定業務で荒稼ぎをするコンサルや、空中戦の議論だけを行う学識経験者などによる有識者委員会である。

　しかし、そのようななかでもまちは生き残ろうと必死に動いている。行政が手をこまねいている間に、計画作りに勤しんでいる間に、公共施設・インフラはどんどん老朽化し、機能も陳腐化し、社会ニーズとも乖離していく。公共施設だけがまちのなかで「硬直化」してしまっている。

（3） 公共施設等適正管理推進事業債のメニュー

　2022年度の総務省による「公共施設等適正管理推進事業債」のメニューについて次のように記されている。「公共施設等適正管理推進事業費について、令和4年度以降も、地方公共団体が、引き続き公共施設等の適正管理に積極的に取り組んでいけるよう、事業期間を令和8年度まで継続し、脱炭素化事業（令和7年度まで）を加えるとともに、長寿命化事業の対象に空港施設及びダム（本体、放流設備等）を追加することとし、令和4年度は5,800億円（前年度比1,000億円増）を計上することとしている。」

　SDGsがスマートシティ、DXなどとともに世の中のトレンドになっていることは間違いないが、なぜ唐突に「施設総量縮減」「行政のコスト削減」を目指していたはずのザ・公共施設マネジメントで脱炭素なのであろうか。気持ちはわからなくもないし、昨今の猛暑、ゲリラ豪雨などの地球環境を見れば脱炭素がこれからの世の中の大きなテーマであることも間違いない。ただ、脱炭素は「交付税措置付きの起債」で対応するものなのであろうか。そして、公共資産だけでやるものなのか。総務省のザ・公共施設マネジメントの枠組みで対応するものなのか。

　脱炭素を目指して公共施設の省エネ改修を本気でやるのであれば、シェアード・セイビングス方式のESCOを活用することで、エネルギーの削減保証（≒脱炭素の定量的な約束）をつけたうえで、かつ民間資金・ノウハウを活用してダウンサイジングしていくことができるはずだ。

　もう少し単純に照明のLED化だけであれば、ESCOと比較してメリットは薄いがリース方式も有効な手段となる。しかし総務省が、行政用語でいうところの「有利な起債」を準備してしまうことで、担当者のチャレンジしようとする意欲を削ぎ、あるいは思考停止させ、財政部局や議会の理解も得にくくなってしまうことから、よりクリエイティブなはずのESCOは選択肢から除外されてしまう。

　公共施設等適正管理推進事業債の総額は決まっていることから、総務省が目指していたはずのザ・公共施設マネジメント（≒短絡的な総量縮減）に回せるはずの財源も結果的には脱炭素などをメニューに組み込むことで減少してしまっている。

（4） 旧来型行財政改革の思考回路≒短絡的な総量縮減

　旧来型行財政改革の思考回路による公共施設等の老朽化・更新問題を短絡的な総量削減、「減らせば良い」の一辺倒で解決することはできない。ザ・公共施設マネジメント≒「行政が所有する公共資産を短絡的に減らせば良い」ことの問題点は、他に「行政が所有する公共資産」だけにフォーカスを絞っていることである。

　「まち」全体から考えると、行政はそのまちの最大の資産保有者であっても、まち全体の不動産ストックからみたら、その保有している割合はごくわずかでしかない。利用者市民にとって生活の一部である公共施設、その（設置管理条例で定めたグレードを果たせていない）機能を果たせていない「点」を統廃合していこうが、まちの経営は大きく変わらない。

　むしろ、旧来型行政の思考回路で削減一辺倒の話しか出てこないまちでは希望を感じられないため、「そのまちに失望した動ける人≒お金を持っている人・他のまちでもビジネスができる人・若くてまだゼロからやり直しのできる人」から流出していく。まちを創ってくれる・支えてくれる人たちが流出することで税収は減少し、更に公共施設や政策を減らしていかなければいけなくなる。そのことで人の流出が加速する。このような負のスパイラルを自ら発生・助長してしまうのが、ザ・公共施設マネジメントの根本的な問題のひとつである。

（5） 公共施設等総合管理計画の目標年次

　ザ・公共施設マネジメントによる公共施設等総合管理計画では、「2040年度までに保有する公共施設の総量を30％削減する」といった目標数値が掲げられることが一般的となっており、公共施設を削減した後に「そのまちの公共サービスはどうなっているのか」といった行政的な視点すら欠落してしまっている。

　本来は、（行政の経営感覚が欠如していたから勝手に発生させた問題を市民に責任転嫁し、）市民生活の一部を切り取ってまで身近な公共施設を削減した見返りとして、「どのようなまちが創出されるのか」「どんないい

ことが待っているのか」を最低限の責任として明確に示すべきである。

　同時に、計画の目標年次や「ある瞬間」をゴールと定めて良いのであろうか。旧来型行政の思考回路では、公共施設は竣工してオープンする瞬間がゴール・ピークになってしまい、使える補助金・交付金は何かといったイニシャルコスト、従来型・PFI・リースといった事業手法、どのような規模・意匠のハコモノとするのかといったことのみが論点となってしまう。ビジョンやコンテンツも検討・精査されず、誰がどのような経営をしていくのか考えられず、竣工・オープンまでに全ての力・資金・モチベーション・興味を使ってしまうから、そこがピークとなってしまう。

　数ヶ月後に「あれっ、誰も使っていないぞ」となっても、誰も責任を取ることはない。なんとか体裁を取り繕わなければいけないため、多額の税金を注ぎ込んだり、官製のキャッシュアウト前提のイベントで現実から目を逸らし続けることになってしまう。

　公共施設等総合管理計画も同様で、「目標年度」が訪れたらそこでおしまいなのだろうか。総務省のロジックでは、個別施設計画と連動しながら「適切な時期に見直しを図っていくこと」を意図しているので、ある程度のローリングはあるのだろうが、やはり前述のように今回の総合管理計画の改訂における主たる論点として「コロナ」が登場しないあたり、柔軟性は低いと考えざるをえない。

2 まちは変化し続ける

（1） コロナで激変した「まち」

　新型コロナウイルスが蔓延してからかなりの時間が経過した。当初、日本はコロナを未知のウイルスとして警戒し、あらゆる社会経済活動を「とりあえず」停止させることからスタートした。公共施設も例外ではなく学校は休校となり、図書館・公民館・体育館等のいわゆる公の施設もほぼすべて休止に追い込まれた。公の施設はともかく、子どもたちは約3年間にわたって十分な修学旅行・運動会などの学校行事や部活動もできなければ、給食では黙食を強いられることとなった。

　この間に紆余曲折を繰り返しながら、学校ではとても十分とは言い難いがGIGAスクールの前倒し、タブレットの配付、オンライン授業などが行われるようになった。公の施設でも消毒液・サーモセンサーの設置、換気の徹底、人数・時間の制限などの工夫により、「今までのサービス」をどうにか確保しようとそれぞれの自治体・利用者・指定管理者等が奔走した。オンライン会議・セミナー等のオンライン配信やサブスクリプションの配信サービスなども浸透し、打ち合わせやイベントなども大きく様変わりした。

　民間ベースでは「とりあえず停止」や「それなりに再開」どころでは済まない。飲食や観光業界を中心に多くの業種が、物理的に「人が動かなくなる」ことで壊滅的な打撃を受けることとなってしまった。様々な支援措置もあり、この3年間での廃業数などは表面上の大きな数字として現れてこなかったが、まちなかの実態をみれば現実的にどれほどの被害が生じているかは一目瞭然である。

　同時に政府を中心とした支援措置は「生き延びるため」に必要なものかもしれないが、それだけでは全く不足した。過去のビジネスモデルと決別し、「コロナ禍でも成立する新しい生き方」を民間は求められ、否応なく新陳代謝が求められるなかで、自分たちなりの新しいビジネスモデル・道筋を見出せた企業、新陳代謝できた企業（と強烈な企業体力をベースとして元に戻るのを待つことができる企業）だけが生き残れる事態となった。

そして、コロナの支援措置がなくなってから一気に倒産数も増加している。最近は「コロナ前の世界」に先祖返りしようという動きもあちこちで見受けられるが、それはコロナから何も学ばなかったのと同じで、まさに「令和版失敗の本質」にしかならない。

　民間事業者や「まち」は、コロナ禍で強烈な新陳代謝を強要され対応しようと必死になってきたが、行政はそこまで本気で新陳代謝をしようとしてきたのだろうか。こうしたところに行政と民間のギャップが生まれているように感じるし、まちのなかで公共資産の新陳代謝が圧倒的に遅れている理由のひとつになっているのではないだろうか。

（2）　尾道市

　尾道市にはここ数年、定点観測も兼ねて訪れている。公共資産の利活用の関係では港湾倉庫をリノベーションした複合施設のONOMICHI U2が非常に有名である。U2だけではなく、まちなかには次々と地域性に溢れた、ここでしか味わえない、そしてオシャレなお店がコロナ前からコロナ禍、現在に至るまで次々と出店してきている。もちろん、コロナで他のまちと同様に厳しい状況に直面してきたことは間違いないが、そのような状況下だからこそ空き店舗が増加すること、賃料が下がること等の実態に合わせて新規出店できる若い芽や業態も発生する。厳しい社会経済情勢だからこそ生まれる新陳代謝の可能性にどこまで気づいて、呼応できているだろうか。尾道市ではまさにこのような、まちの新陳代謝が行われている。

（3）　オガールの新陳代謝

　公務員時代から何度も訪れているオガール。こちらも最初に訪れたときにはまだオガールセンターはまだ存在していなかったし、宅地分譲もまだ道半ばの状況であった。しかし、2022年2月に訪れたときにはオガールセンターも完成し、一部のテナントが既に入れ替わっており、宅地は全区画が完売し、中には仕事の都合で居住者が入れ替わっているところもあった。オガール周辺でも様々な開発事業が行われ、エリア的には小学校の増

築が求められるところもあるそうだ。

　紫波町ではネクスト・オガールという表現をしているが、日詰商店街を中心としたリノベーション、オンデマンド交通のしわまる号、旧庁舎での温浴施設である、ひづめゆ、廃校を活用したノウルプロジェクトなど、続々と魅力的なプロジェクトが展開されて、そして実現しようとしている。町職員の鎌田千一氏は「まちの再編成」と表現しているが、まさに「まちの新陳代謝」そのものである。

　このようなプロジェクトベースのものだけでなく、オガールのなかのテナントもいくつか入れ替わっており、訪れた当日には、焼肉屋が新たにオープンしていた。このようにテナントが入れ替わっていくことも新陳代謝であるし、真魚板のようにオガールのオープン当時からテナントとして入居し続けながらメニューやサービスをブラッシュアップし続けて、訪れる人々を魅了していくことも新陳代謝である。

（4）　公共資産が変わらず居座り続けること

　このように考えたとき、公共資産、特に公共施設や都市公園などがまちなかに設置された当時のままの形態でまちなかに居座り続けることは、まちにとって良いことなのだろうか。

　前述のように一般的な公共施設は竣工時が100％の状態で、そこから時間経過に伴う物理的な劣化、機能・サービスの陳腐化や利用者・利用時間帯などの硬直化が進行していく。もし同じ用地（特にまちなかの一等地）を民間が所有していれば、地価の変動や社会経済情勢の変化で新陳代謝が自ずと働く。しかし、公共施設が硬直化して鎮座し続けること・まちと断絶することは、まちの経済を動かす中心となるエリアでの新陳代謝を阻害することと同義である。

　このあたりが、中心市街地活性化事業で各地に第三セクター方式などで建設された再開発ビル、まちの「賑わい」のために社会資本整備総合交付金などを使って作った過大・華美な図書館・ホール等、いわゆる「墓標」のまちなかに与えている負の影響の大きさとも考えられる。

　また、近年では市町村役場緊急保全事業等を活用して、人口10万人程度

の自治体でも100億円を超えるような巨大庁舎を建設してしまうまちも多い。財政の厳しさ・（敢えて既得権益とは表現しないが）既存利用者の意向・設置管理条例改正のハードルの高さ等により、サービスを時代に合わせてブラッシュアップしたり、そもそも論を取り出して変革していくこと（、ましてや身の丈以上の公共施設をマネジメントしていくこと）は、ザ・公共施設マネジメントや計画至上主義の行政には難しい。そして、公共資産が低いグレード・サービス水準のまま、まちのなかに居座ってしまう。日経新聞に掲載された「民需なき官製都市」は、市街地再開発事業だけでなく、ザ・公共施設マネジメントによるハコモノも同様である。

3 まちの新陳代謝

（1） まずは「人」

　まちの新陳代謝のために一番大切な要素はやはり「人」である。新陳代謝を促すためのプロジェクトを企画する人、実践する人、SNSなどでそのまちの魅力を発信する人、そのまちの魅力に惹かれて移住・新規事業を興す人。こうした直接的な新陳代謝に係る人だけでなく、そうしたプロジェクトや公共空間で創出されたコンテンツを消費する人たちも、その行為やマインドがまちの新陳代謝に繋がっていく。

（2） 公共空間とまちのモビリティ

　こうした視点で考えると、「人」が動くことが大切であるし、そうした人の動きがまちのなかで可視化していることが新陳代謝を加速するためには有効になってくる。

　新型コロナウイルスの影響もあり、近年、オープンスペースである都市公園・道路空間・河川等の公共空間がにわかに注目されるようになってきた。公共施設等総合管理計画において、都市公園は東屋・トイレ・管理棟ぐらいしか対象になっていなかったし、道路や河川は路盤や河川敷の更新経費の見込み程度しか計画の範疇に入っていなかった。ある意味でブルーオーシャンだったオープンスペースを有効活用することで、まちは大きく変わってくる。

　タグボート大正、てんしば、丸の内中通のエリアマネジメント等をみればわかるとおり、豊かな空間とオリジナリティあるコンテンツ、そこから発せられるエネルギーが人々を魅了し、こうした人たちが日々まちなかで動く、展開することでまちの新陳代謝は促されていく。

　このようなダイナミックなプロジェクトはもちろんだが、更に言えば直接その場を訪れなくても、ものによってはAmazonや楽天などのオンラインショッピング、YouTubeやZoomでの配信などでも、その場から発せられるクリエイティブなコンテンツや空気感を受け取ることができる。

四万十ドラマ、タルマーリー、里山ファクトリー（足立音衛門）などは、まさにこの代表格といえるし、こうした地域性溢れたホンモノを買ったり感じたりするのも「人」であり、人がSNS等で発信する情報が更なる新陳代謝につながっていく。

　物流システムの急速な発展やインターネットの一般化により、ある程度のモノを手に入れることは数年前と比較して飛躍的に容易なものとなった。更に新型コロナウイルスにより物理的な人流が抑圧された反動で、「インターネットを媒介としてモノやコンテンツを手に入れる」ことが爆発的に広まってきた。一方で、地方では人口減少・財政の悪化などにより地域公共交通は衰退し、一般的な商店街・観光地や飲食店・物販店は新型コロナにより閑古鳥の状態となり、「人流」によるまちの新陳代謝が難しい状況になりつつある現実もある。このようななか、各地でオンデマンド交通が「実装」されはじめている。

　紫波町ではじめてオンデマンド交通の「しわまる号」を利用したが、スマホひとつで簡単に予約ができて、タクシーよりも安価なだけではなく（特にタクシーの絶対数が限られている地方部では）時間的にも確実性があるインフラとして可能性を感じる。オンデマンド交通により、買い物弱者や引きこもりになってしまう高齢者の問題が少しでも緩和され、同時に人流が促されることによっても、まちの新陳代謝は進む可能性がある。今後は、ライドシェアや公共サービスを持ち運ぶなどの更なるモビリティが求められてくるだろう。

（3）　コンテンツの新陳代謝

　このように、「まち」ではいろんなものが動くこと・変わっていくことによって新陳代謝しているが、ほとんどの公共施設は開設当時から「全く同じ使い方」であったり、貸し館中心で利用者もほぼ固定化し、まちから断絶して硬直化しているのではないだろうか。逆に考えれば、公共施設で提供するサービス・コンテンツが時代とともに新陳代謝していったら、公共施設の用途そのものが周囲の状況や社会経済情勢、市民ニーズなどに合わせて柔軟に、短いピッチで変化していったらどうなるだろうか。公共

サービス・施設がまちとリンクして、行政と民間のボーダーラインが曖昧になっていったらどんな世界が広がっていくだろうか。

　提供する公共サービスは本来、日々の経営のなかで改善・見直しが図られるべきものである。行政の職員がきちんとまちと向き合って「どのようなサービスが求められているか」を施設所管課・施設の担当者・指定管理者などと連携して考え、随時ブラッシュアップしていくことができるはずだ。

　「指定管理者がやっているのでコントロールが効かない」、「行政のノウハウが低下している」といった声を聞くこともあるが、そもそも指定管理者制度は「民間ノウハウを活用した公共サービスの質の向上」を目的としていることから、民間への丸投げでもなければ、代理執行・コスト削減の手法でもない。指定管理者制度は、地方自治法で細かいことがほとんど定められておらず、非常に自由度の高い仕組みである。

　行政と指定管理者がパートナーとして知恵とマンパワーを出し合って、クリエイティブな自主事業やサービスレベルの向上を考え、実践していけば、自ずと新陳代謝が生まれているはずだ。こうしたことの延長として、例えば設置管理条例に「5年ごとの設置目的（や運営方法）を含めた抜本的な見直し規定」をビルトインしておくことも、コンテンツを新陳代謝していくための有効な手段となりえる。

（4）　長寿命化至上主義から可変性・柔軟性

　公共施設等総合管理計画・個別施設計画の策定要請や改訂、公共施設等適正管理推進事業債では、改築周期を先送りする手法・見かけ上の更新経費を削減する計算式として短絡的に更新周期を60年から80年（改修周期を20年から30or40年）とするなど、長寿命化が手段の一つとして位置付けられている。

　公共施設等総合管理計画で単純に改修・更新のスパンを伸ばしているだけのものも多いが、文部科学省の手引きにあるように、長寿命化のためにはコンクリートの中性化抑制（または再アルカリ化）などの通常の改修・大規模改造では求められない工事・コストが発生するだけでなく、日常か

らの保守点検・ビルメンテナンスを丁寧に行うことが前提となる。つまり、今までのいい加減なビルメンテナンスのグレードのまま「長寿命化」と書いただけでは全く意味がなく、現実逃避・問題の先送りをしているにすぎない。（ここでは触れないが近年の官製賃上げを含む物価高騰の影響も無視できるレベルではなくなっている）

　ここでは、まちの新陳代謝の観点からも長寿命化を考えてみたい。その公共施設を現在の用途のまま長寿命化することは、数十年スパンでそのサービスがその場所で提供されることを意味する。これまで書いてきたように、時代が猛烈なスピードで激変し（コロナで公共資産だけでなく）「まち」のあり方も大きく変化していくことが求められるなかで、数十年先の未来まで見通すことは可能だろうか。

　確かに長寿命化により廃材や工数の削減による環境負荷の低減をある程度図ることはできるかもしれない。ただ、これも後述するように一気に完成形をつくるのではなくスモールスタートして、利用実態や収支バランスなどをみながら少しずつ投資・増築・増強していく方が、「無駄が生じない」という面で環境負荷の抑制になる可能性もあるのではないか。

　沼津のINN THE PARKの球体テントは当初は4つからスタートして、その後に球体テントのスイートやデラックスが設置され、現在では同公園内でマウンテンバイクの本格的なコースを携えたコンテンツも整備されていく形で、徐々に充実・拡大してきている。

　前述のオガールでもフットボールセンター、オガールプラザとオガールベースを皮切りに、庁舎やオガールセンター、宅地分譲などが徐々に進められ、その後にまちの再編につながるようなプロジェクトが展開されている。このような意味で考えると、（長寿命化を一律に悪とする訳ではないが、）長寿命化を図る公共資産は慎重に選定すべきであるし、その改修を行う場合には誰がどのようなコンテンツを提供していくのか明確にしたうえで「どこまで」やるのかの判断が必要になってくる。

（5）　有機的に動き続けること・変わり続けること

　ザ・公共施設マネジメントを安易にただ大規模改修＋α程度の長寿命化

のみで対応し、まちのなかで公共資産・公共サービスを過去〜現在の状態で硬直化させてしまうと、点としての公共施設だけではなくエリア、最悪の場合はまちも新陳代謝を喪失していく。そして、新陳代謝を失った瞬間にまちは硬直化し、衰退してしまう。つまり、目標年次を持った・行政が所有する公共施設の総量削減にフォーカスを絞ったザ・公共施設マネジメントでは、全く「まち」の抱える課題にも対応できないし、そこから未来は見えてこない。

　計画づくりをローリングしていくことも100％無駄だとは言わないが、大切なのは「まちとリンク」しながら有機的に地域コンテンツ・地域のプレーヤーとともに動き続けること、柔軟に変わり続けること、新陳代謝し続けることである。「まち」は、旧来型の行財政改革や計画行政のように「数値」や「ある時点」がゴールになることはない。同時に常に変化し続けるためには、常に投資し続けなければならない。

（6）　スモールスタートと軌道修正

　これまでの公共施設整備や公共資産、そして行政全般に言えることだが、なんらかの事業をしようとする場合には、いきなりゴールを目指してしまう。そして自分のまちの財政規模・状況では、単年度会計現金主義の行政システムにおいて「いきなりゴール」の一般財源が確保できないから、補助金・交付金や起債をフル活用して身の丈以上の公共施設を整備してしまう。

　どうハコモノを建てるかだけが関心事であり、「たぶんこうなるだろう・こうあったらいいな」でコンテンツや誰が経営するのかが精査されていないから、うまくオペレーションもできない。何より、図体が大きすぎてコントロールするために膨大なマンパワーも求められるために後戻りもできなければ、（関係者も多く議会や市民の目もあるので）地道で小さな軌道修正も効きにくい。更に悪いことに、追加投資を行うことは財政的・物理的・対議会や市民への建前上難しくなってしまっているので、まさに手も足も出ない状態になってしまう。こうしたハコモノの行き着く先が前述の墓標である。

　逆に考えれば、やはりスモールスタートがポイントとなる。

ビジョン・コンテンツをしっかりと精査し、サウンディングやトライアル・サウンディングで市場と対話しながら小さな投資で試行錯誤しながらスタートし、少しずつ社会経済情勢やまちの状況にあわせて柔軟に軌道修正を図っていく。常に小さくても良いから市場と合わせて適切な投資をし続ける。この資本主義経済のまちで当たり前のプロセスこそが新陳代謝そのものである。

　求められるのは、まちの新陳代謝に行政も順応していくことと、旧来型行政からのマインドセットの２つである。特に後者は既得権益・事なかれ・前例踏襲・計画至上主義、社会から行政が揶揄されるリアルな課題と本気で向き合い、打破していくことが必要となってくる。行政は非合理的な社会なので、正攻法・正論だけではいかない。どれだけ柔軟に、そして時代や関係者の心を読みながら柔軟に対応していけるか、こうしたマインド面でも常に新陳代謝が重要になってくる。

7 負債の資産化、まちの再編、まちの新陳代謝

（1） ザ・公共施設マネジメント及びザ・PPP／PFI からの脱却

　ここまで述べてきたように、公共施設等を取り巻く問題の本質はハードとしての老朽化・陳腐化ではなく「まちが衰退」することであり、それを引き起こしている主要因のひとつが行政の経営感覚の欠如である。

　問題の本質が施設総量の問題ではないことから、短絡的な施設総量の縮減を目指したザ・公共施設マネジメントでは効果が薄いし、点として公共施設をハードとしてだけ複合化・集約化していくザ・PPP／PFI 事業では新たなハコモノ≒負債をまちのなかに生み出してしまうだけである。

　こうした旧来型行政の思考回路・行動原理に基づく世界から脱却して、真剣にまちと向き合い、そのまちの地域コンテンツ・地域プレーヤーとともにひとつずつプロジェクトとして実践していくことが求められている。このプロジェクトのキーとなるのが「負債の資産化・まちの再編・まちの新陳代謝」である。

（2） 負債の資産化

　巨大な十分管理もされない敷地で老朽化した巨大な校舎・体育館が立ち、そこにはわずかな児童・生徒しかおらず、単学級や複式学級などで十分な教育環境も確保されず、部活動も種類や質が制限されてしまっているようでは、学校そのものが負債である。そしてその負債による被害を受けるのは未来を担うはずのこどもたちである。

　学校が地域の核、地域住民が子どもたちを育てているという理論は本当だろうか、何十年も前にあったこどもで溢れた学校に対するノスタルジー

を抱いているだけではないだろうか。本当に学校が地域コミュニティの核だとすれば、福知山市の THE 610 BASE、里山ファクトリー、S-LAB などのような学校を活用した新たなコミュニティの場となったほうがよほどメリットが大きい。

　津山市では、随意契約保証型の民間提案制度を活用して幼稚園をたかたようちえんや Sense Tsuyama として再生し、こちらも新たなビジネスやコミュニティの場としてまちに溶け込んでいる。寄附を受けた長屋はハイグレードな宿泊施設の糀やとして、巨大なガラスドームを持つプールは Globe Sports Dome として魔改造され、新たな価値を生んでいる。

　小田原市では、歴史的建造物である豊島邸をリノベーションして豊島鰻寮 一月庵として再生させたり、旧片浦支所は完全民間ベースのコワーキング・シェアオフィスのuとして再生されている。

　いずれも古い発想、これまでの使い方、地域のノスタルジー、行政のザ・ハコモノ事業、既得権益などに支配されていたら見えなかった世界であり、これまで負債とされていたものを資産化している事例である。資産化することは、誰かに益をもたらすものであることと同義であり、実際にこれらの負債を資産化した事例では、そのまちの経営的にもプラスに働いている。

（3）　まちの再編

　まちの再編は、中心市街地活性化事業、都市再生整備計画や社会資本総合交付金によるハード整備だけではうまくいかないことは、この何十年間における全国の事例が証明してきている。大切なことは、地域コンテンツ・地域プレーヤーと密接にリンクした小さな負債の資産化からはじまるまちの再編である。

　負債の資産化、点として最初はスタートするかもしれないが、負債を資産化していくことで周辺のエリア価値を向上させていくこともできる。津山市では糀やによって周辺の伝統的建造物群保存地区のなかにも多くの飲食店・物販店がオープンしている。尾道市でも ONOMICHI U2の感性に呼応した多様な飲食店・物販店などが尾道駅周辺の商店街などにコロナ禍

にも関わらず新規出店してきた。長門市では市も約2,100百万円／10年を投資しながら星野リゾートと連携することで長門湯本温泉の再生を図り、駐車場の集約や川床の整備などのハード的なことだけでなく、A-side をはじめとする飲食店なども含めてまちがダイナミックに再編されつつある。

南城市ではコミュニティの場であった玉城公民館を民間に無償譲渡し、地域の方々による玉城食堂がオープンして人気を博しているが、この玉城食堂を中心に周辺にはゲストハウスやカフェなどが進出してきている。

（4） まちの新陳代謝

旧来型行政の「街づくり」では、最初にコンサルへの業務委託などでゴールの絵を描き、そこに向けて補助金・交付金・起債などもフル活用しながら一気にハード整備をしてしまう。竣工時点がゴールになってしまうことで、その後は時間の経過と共にエリアの価値が下落してしまう。エリアの文脈にあっていないことや、地域コンテンツ・地域プレーヤーがセットアップされないまま突き進むことで、愛されることもなく落ちていく。また、規模が巨大過ぎることや当初に大風呂敷を広げ過ぎたために後戻りや軌道修正も自ら難しくしてしまっていることでどうにもならず、新陳代謝も働きにくい構造に陥ってしまう。

まちの新陳代謝とは、丁寧・愚直にひとつずつの負債の資産化・まちの再編につながるプロジェクトを試行錯誤しながら行い続けることである。スタート時点からエリアの価値を上げ続けていくことが本来の「まちづくり」であり、リセールバリューを高めていくことが本来の姿である。紫波町のオガールプロジェクト、日詰商店街、ひづめゆなどのプロジェクトはまさにこれに該当するだろう。長い時間軸の中で少しずつプロジェクトを成熟させていきながら、状況に応じてテナントの入れ替えなども行いつつ、プレーヤーの輪も広げながら進んでいく姿は、まさにまちの新陳代謝であり、正のスパイラルである。

負債の資産化からはじまるまちの再編は、行政が保有する公共施設だけでしかできないわけではない。草加市で行われているリノベーションまち

づくりは、行政の職員も主体的に動き、まちなかにある遊休不動産のオーナーにも掛け合いながら、まちなかの負債を資産化し続けている。草加駅東口エリアには遊休不動産がなくなったことから、このエリアのオーナーたちも自分たちで新しく自宅の一部を店舗化したり、蔵を飲食店に自らリノベーションしたり、業態変化なども含めてまちの再編、エリア価値の向上が進んでいる。

（5） 必要なのは覚悟・決断・行動

「負債の資産化・まちの再編・まちの新陳代謝」は、旧来型行政における業務の範疇にははいっておらず、当然に事務分掌への位置付けもなければ国からの通知なども存在しない。机上でどれだけ考えても、コンサルや有識者委員会に頼っていても答えはない。そして、これをやればうまくいくという必勝の方程式など存在しない。

自分たちらしく愚直に試行錯誤していくしかない。そのために必要となるのが本著のテーマでもある「覚悟・決断・行動」である。

他人や社会のせいにするのではなく、自分ごととして考え自分がやっていくという「覚悟」、それをまずは個人、そして組織として様々な要素を見切りながら「決断」し、そしてうまくいかないことや軌道修正なども前提とした「行動」である。要はテクニカルなことではない。テクニカルなことは関係者が必死になってもがいていけば、どこかに可能性が見出せるはずだ。しかし、その過程でブレたり諦めてしまっては終わってしまう。

やっていけばうまくいかないことの方が多いはずだ。そのときにビジョンとコンテンツが立ち戻る原点になってくる。まちが常に現在進行形であるのと同様に、そこに関わる人たちも現在進行形で随時「覚悟・決断・行動」を繰り返していく。自ずとまちとリンクしているはずだし、地域コンテンツ・地域プレーヤーとも連携しているはずだ。

8 ヒューマンスケール／エリアスケール

1 起爆剤の問題

　前述のとおり、「まちの起爆剤」で自爆してしまうまちはいまだに多い。「ハコモノをつくればまちは活性化する」のではなく、明確なビジョンを掲げ市場性・地域性にあったコンテンツを提供していく、様々な諸条件を整理しながら物理的な要素としての基盤や建築物を整備していくことが求められている。このような観点で紫波町・盛岡市のいくつかのプロジェクトをみてみると、改めて確信したことが多いので、起爆剤の話を再整理しながらここで記しておく。

　まちの起爆剤は「まちからスケールアウト」していることがそもそもの問題である。規模が大きすぎるので、自分たちの持てる経営資源（ヒト・モノ・カネ・情報）、スキルではコントロールしていくことができない。これに加え、イニシャルコストでほぼ全ての投下できる財源を支出してしまっていること、莫大な税金投入をしていることから市民や議会にも説明が困難になってしまい、軌道修正していくことすら困難になってしまっている。

　コンサルに丸投げして事業手法、要求水準書や契約書が自分たちの理解を超えたところで勝手に作られてしまっているので、どこをどうすれば良いのかも自分たちで理解することができない。更に契約変更しようとすれば議決事項になる場合も多いので、覚悟・決断・行動できないまちには、それすらも難しい状況になってしまう。

　最大の問題が、起爆剤事業は「たぶんこうなるだろう」「こうあったらいいな」のリアリティのないお花畑の総花的な思考回路・行動原理になっ

てしまっていて、エリアの文脈・関連するプレーヤーの顔が見えていないことである。「まちから乖離」しているので、当然地域にあっていないし、市民生活ともリンクしていないから「愛されないハコモノ」になってしまう。これらの当然の帰結として、起爆剤が不発弾としてまちなかに居座り、エリア、そしてまちが衰退していく。

2 紫波町

（1） いつものコース

　筆者は紫波町を何度も訪れているが、通常はオガールを中心に日詰商店街をぶらり歩いてはちすずめ菓子店でキッシュを買って、時間があればオンデマンド交通のしわまる号に乗りラフランス温泉でローカルな空気を味わうことがルーティンとなっていた。2023年に訪問した際には、旧庁舎跡地を活用した「ひづめゆ」にまだ行ったことがなかったので、紫波中央駅でしわまる号にピックアップしてもらい、ひづめゆを訪れてみた。

（2） ひづめゆ

　ホームページに掲載されているように、ひづめゆはシンプルながらも非常に洗練された心地よい空間で構成されている。温浴施設も高濃度炭酸泉、サウナ、水風呂、外気浴スペースと必要なものを最小限に絞り、サウナ内にはテレビも BGM もない。スーパー銭湯に見られるようなエンタメ的要素を一切排除し、動線も全く無駄がないストイックかつサウナーの心をくすぐる設えとなっている。訪れた日は残念ながらレストランが休業でかつ昼前だったため、シードルを飲むことはできなかったが、日常的な地域の方々の憩いの場になっていることが容易に感じられる場であった。

　そして、ランチで訪れた日詰商店街。紫波町ではオガールと日詰商店街のリノベーションまちづくりを両輪として位置付けているが、その商店街において頑張っている藤屋食堂に行ってみた。こちらのお店は、週末限定で酒粕を使ったフルーツサンドなども販売しており、テイクアウトも可能なかなりの評判メニューとなっているとのことである。今回は冬季限定の同じく酒粕を使ったモツ煮定食をいただいたが、優しい味でお店の雰囲気もよく、看板犬のミミィーちゃんも含めて穏やかな時間が流れていた。

（3） オガール

　この訪問時は、時間の都合でオガールをゆっくり見ることはできなかったが、電車の待ち時間がかなりあったため、時間調整のため4832 The SUGAR でクレープをいただいた。こちらでも隣に座っていた高齢の方々のグループがなにやら作戦会議を和気藹々とされていたし、その隣には女子大生らしきグループが楽しそうに映える写真を撮りながら談笑していた。

（4） しわまる号

　オンデマンド交通のしわまる号は、スマホで予約可能で昇降地点もきめ細やかに設定されていることから、シビルミニマムとしての地域公共交通としてだけでなく、筆者のような観光客などにも非常に便利な移動手段となっている。この日も時間どおりに紫波中央駅でピックアップしてもらいあっという間にひづめゆへ到着。高齢のご夫婦と相乗りとなったが、どちらかの病院に行くだろうか、こちらも仲睦まじいご様子が伺えたし、車内の空気感は本当にほのぼのしていた。

3 盛岡市

（1） バスセンター

　盛岡市バスセンターは、ビジョンに「人と地域の魅力をつなぐローカルハブ」を掲げているとおり、単純に改築するのではなく福田パンなどの地域の DNA とも呼べるコンテンツ、オガールからは週末限定で The Baker が出店したり、2階のフードホールには個性豊かで魅力溢れる飲食店が軒を連ね、クラフトビールも飲むことができる空間となっている。

　更に3階には「まざる、うむ、はじまりのホテル」として、ホテルマザリウムがセットアップされている。マザリウムのコンセプトは「いろんなひと、いろんな価値観、いろんなライフスタイル。そのいろいろを、この地域の魅力とかけ合わせながら、新たな滞在体験を生み出し、盛岡をさらに元気にしていく。そんな、「はじまりの場所」をめざして。」とされている。世界的ジャズピアニストの穐吉敏子氏のジャズミュージアム、福祉社会実験ユニットのヘラルボニーによるアートプロデュース、セルフロウリュ可能なサウナがついた大浴場など、洗練されたライフスタイルが展開されている。34室のうち1室はサウナ付き客室になっており、一般客室以上に大人気でなかなか予約が取れない状況になっている。1、2階のローカライズされたエリアも含めて、まさに様々な価値観が「まじりあう」素敵な空気が流れており、他にも現地でのお楽しみにしていただきたいが細かいいろんな工夫がなされ、センスの良い空間が広がっている。

（2） BeBA TERRACE

　盛岡市中央公園ビバテラスは Park-PFI を活用した事業であるが、悪い意味で定式化してしまった「行政による基盤整備＋（安い賃料による）ナショナルチェーンのカフェ」とは一線を画している。なんと、この公園内にはカフェ・飲食店や保育所だけでなく「手紡ぎ手織りの学校」に加えフリースクールまで設置されている。都市公園を単なる「憩いの場」ではなく、オープンスペースを媒介・きっかけとした「社会問題解決の場」とし

て整備している。更に、こうした公益性の非常に高い多様なコンテンツも、経済合理性を考えながらプレーヤーも含めてセットアップしていることも大きなポイントである。行政的に考えれば多部署にわたる社会課題であっても、民間事業者から見ればそこに縦割りの区画線など存在しない。

（3）　公共資産とは～市民生活を支える・豊かに暮らす

　行政財産は、地方自治法で「公用又は公共用」に供する財産とされており、簡単に分類すると公用財産とは庁舎・消防施設・処分場などの「市民生活を支える」うえで必要な財産であり、公共用財産とは図書館・体育施設・公民館などの「市民生活を豊かにする」ための財産（≒公の施設）となる。つまり、行政財産とは市民生活を支えたり豊かにするためにあるもので、決して負債であるはずがない。しかし、実際には財政状況が厳しいなかで公共財産は自治体経営・まちづくりにおける負債として短絡的な統廃合の対象として扱われてしまっている。一方で、紫波町・盛岡市等の例示した事例では、公共資産を負債としてではなく資産として経営に活用している。どの事例も非常に魅力的であるのと同時に、市民生活を支えたり豊かにしている。そして、これらのプロジェクトに共通するのは「どこかで見た風景」ではなく、地域の文脈に沿ったものであることと、関連するプレーヤーの顔が見えることである。

（4）　石川町

　本稿執筆時にふと思い出したことがある。現在、筆者が業務で携わっている石川町では2021年度業務の最終回において、町長・副町長・教育長と関連する全幹部職を対象に「ここまで検討してきたこと・これからやろうとすること」を担当者からプレゼンする機会があった。そこで町の担当者が発表したプレゼンのタイトルは「生き残る自治体となるために」でその資料に「生き残る自治体＝一人ひとりが豊かに暮らすことができる自治体」と記されていた。まさに核心をついている。そして、豊かに暮らすことができるための物理的な要素の一つとして公共資産があるはずだ。

4 ヒューマンスケール／エリアスケール

（1） ヒューマンスケール

　前述のように、ここで例示してきた事例の共通項は「関係者の顔が見えること」である。コーミンの入江智子氏がオガールで修行した成果を生かして大東市で実践したmorinekiプロジェクトも、現地を実際に視察してみるとそれぞれのプレーヤー、関係者の表情・生活が豊かに感じられる。入江氏の著書やmorinekiの紹介動画でもその鼓動が息づいている。

　盛岡市バスセンター３階のマザリウムのラウンジ上部の装飾は、ラウンジで音楽を行う際に反響を抑えるための吸音板として白樺をスライスしたものが貼り付けられているが、当初は設計に盛り込まれていなかった。このバスセンター全体のプロジェクトも経済合理性を追求したものであったことから、反響を抑えるための設計変更に伴う増額変更は現実的ではなかった。そこで急遽ワークショップを実施し、市内の都市公園等における倒木などを集め、これを関係者が自ら輪切りにしてワークショップ形式で参加費をとりながら飾っていくこととなった（それぞれの白樺の裏面には参加者のサインが記されている）。

　ヒューマンスケールとは、そのプロジェクトの「関係者の顔が見える」もので、「そこに携わる・訪れる人たちを支えたり・豊かにできる」ものであって、「自分たちでコントロールが効く範囲」のものといえる。

（2） エリアスケール

　盛岡市のバスセンターは、３階建で市内周辺部のホテル・商業施設と比較すると非常に低密度に抑えられている。商業施設も各テナントの床面積はかなり小さいものとなっていたり、マザリウムも客室数は34室とホテルとしては小規模である。ひづめゆもまちなかの銭湯レベルの大きさで、スーパー銭湯よりも圧倒的に小さな規模で浴槽も高濃度炭酸泉（と水風呂）だけに留めている。

　まちからスケールアウトした墓標は論外であるが、大半の公共施設は補

助金・交付金を含めて財政的に確保できるイニシャルコストを最大限に活用して、市民ワークショップ等で集めた市民意見を詰め込めるだけ詰め込んで限界レベルで整備してしまう。そして、LCC（建築物の企画から解体に至るまでに要する総コスト）ベースで考えるとイニシャルの3〜4倍かかるといわれるランニングコストは全く考慮していないことがほとんどである。点としてのハコモノ整備でしかなく、市場規模や周辺エリアの文脈なども考えられていないから、まちから乖離してしまう。エリアスケールとは「自分たちの手の届く範囲」で「地域コンテンツ・地域プレーヤーと連携」しながら「エリアの中に溶け込む」ことと同義と言える。

（3） 小さなプロジェクトだけ？

　このような形で論じていくと、「小さなプロジェクトだけ」のように感じるかもしれないが、そうではない。それぞれのまちにおいて、時にはまちの将来をかけるような大きなプロジェクトを行うこともある。そのようなときにも同様に、コンサルに丸投げしたり、細部をいい加減にしてしまうのではなく、丁寧に小さなパーツの一つひとつを組み上げていくことが大切である。ロケットはどんな小さな部品ひとつであっても不具合があれば安全に飛ぶことはできない。

　そして、竣工したら終わりではない。まちは常に現在進行形である。それぞれのプロジェクトもまちのなかに存在している。そこに存在している限り、ずっと手をかけていくことが不可避なのでオガールの岡崎正信氏が言われるように「永遠に未完成」である。また、岡崎氏は「しっかりとしたプロジェクトは、めんどくさいと思うことをめんどくさいとわかりながら愚直にやっていくもの」だと発言している。

　ヒューマンスケール／エリアスケールに合致したプロジェクトは、そこで生み出される空気感が非常にハートフルとなるので「愛される場」になる。自分たちで自分たちのまちは創っていく、まちを構成するのは個々のプロジェクト、関連する人たちの営みの総体である。

　どんなまちになっているのか、そしてこれからどのようなまちになっていくのかは、それぞれのまちの人にかかっている。

9 魂を吹き込む

1 墓標≒まちの終焉？

（1） どこにでもある墓標

　「まちの起爆剤」が自爆して墓標化し、活性化を目指していたはずなのに衰退を加速してしまう皮肉な現実がある。全国的にはカタカナの「ア」から始まる呪われた墓標の数々が有名であるが、それだけでなく全国各地に規模や深刻度は様々であるが墓標は乱立している。「みんな」が集い「賑わい」を目指したはずの図書館・ホール・生涯学習センター・体育館などはコンサルが描いた人が溢れるパース、お花畑の市民ワークショップで描いた賑わいの場、その場だけの有識者会議で理論的にまとめた費用対効果になっているだろうか。

　見かけ上の稼働率を上げるために大ホールのステージをピアノの練習に使わせる文化施設、スポーツ新聞を目当てに毎日来る市民の数を利用者数365人／年とカウントする図書館、低質・低価格の農産物直売所と成り下がっている道の駅。これらも膨大な税金を投下してまで行う市民サービスとして正しいのだろうか。これらも残念ながら経営的観点、まちという視点でみればプチ墓標の一種である。

　中心市街地活性化を目指して電線地中化・車道までインターロッキング舗装・統一された維持管理費のかかるモニュメントや街灯など、関連補助事業などにより整備したにも関わらずシャッター街と化している商店街。老害とも呼べるドンに支配されたり、自分の顧客を取られるわけでもないのに外部や若者の新しいビジネスの参入を拒絶するまち。これらのインフラやまちの姿も一つ一つの事象は小さいかもしれないが、墓地と化してい

ると言えるだろう。

（2）　行政の経営感覚の欠如が起因

　公共施設等を取り巻く問題の根幹は「まちの衰退」である。老朽化・陳腐化などは事象に過ぎず、財政が厳しく対応が困難になってしまっていることも結果論でしかない。しかも、全てとは言わないが「まちの衰退」を引き起こしている大きな要因は「行政の経営感覚の欠如」である。

　「まちのドン」や「議会の重鎮」に忖度して真剣にまちと向き合うことを放棄したり、新しいことや外部の血を敬遠して内向きに閉じたり、時代の変化に呼応して生きる力がない地元事業者へ延命措置の補助金を交付し続けたりすることで、限られた経営資源を無駄に浪費するからまちが衰退していく。

2 墓標を踏み台に

（1） 津山市

　津山市には全国の名だたる墓標のなかでも特に巨大で有名なアルネ津山がまちなかに鎮座している。点としてのアルネ津山も大きな課題であるが、なにより中心市街地活性化を目指していたはずのハコモノ・一発逆転・起爆剤プロジェクトでまちなかが更に衰退するという笑えない事態に陥り、かなりの年月が経過している。

　一方では糀や、Globe Sports Dome、たかたようちえんなどの魅力的なプロジェクトを次々と創出したり、FM 基金などの実務的な対応策をとるなど、まちに対して真摯に向き合っている。アルネナイネと自虐的に嘆いたり諦めてしまってはそこで試合終了になってしまう。

　決して墓標はポジティブな要素ではないが「なぜ活性化の起爆剤たるアルネ津山が機能しなかったのか」に本気で向き合えば、そこから得られる経験知は他のまちでは得られ難い貴重なものとなるはずだ。そして、アルネに関わった全ての人たちは思い当たる節があるだろうし、その人数も多いことは間違いないので、こういた人たちが真剣に未来に向かうことができれば多角的な示唆が得られるはずだ。「高い勉強代」としても高額すぎであるし、まちに与えたダメージも勉強代でペイするほど軽いものではないが、この経験から「学ばない」ことは許されるものではない。この現状からどうリアクションしていくのかが重要である。そうした意味では現在の津山市のスタッフ、民間プレーヤーのリアルな生き方は、全国に向けても大きな希望といえる。

（2） 流山市

　おおたかの森駅北口の市有地整備事業は、集約換地によって創出された1 ha の市有地に500人規模のホールを敷地内の一部の土地を売却・定期借地権を設定することで行政としての財政負担なしに等価交換で整備するものであった。

ザ・公共施設マネジメントやザ・PPP／PFIといった観点で表面的には優良事例として紹介されているが、駅前の一等地にありながらエリアの価値向上に貢献しないどころか、ホールの指定管理委託料だけで約100百万円／年のキャッシュアウトをしてしまっている。こうしたことも影響して、北口駅前広場は無機質な表情を竣工後何年にもわたって晒し続けていた。これも残念ながらプチ墓標の一種と言えるだろう。

　このプロジェクトにより整備された北口広場では、2023年2月に流山市役所の若手職員を中心として職務から離れたかたちで自主的に組織したNまちデザインが、自ら地域のプレーヤーを集め North Square Market を開催した。税金には一切頼らず、市役所の看板を掲げることもなく、筆者も若干だが協力させていただいたように民間の共感資金と心意気に賛同した地域プレーヤー、更にはそうした大人たちに感化された高校生らの手による手づくりマーケットである。地域にこだわったプレーヤーの魅力的なコンテンツもあり、大盛況となった。あくまで「暫定的な未来」でしかないし「一瞬の輝き」であることを忘れてはならないが、はじめてこのエリアに「魂が吹き込まれた瞬間」と言っても過言ではない。

　その後もNまちデザインによる North Square Market は少しずつプレーヤーの輪を広げながら、経営上の工夫もしながら回を追うごとに進化し続けている。

3 まちがある限り希望はある

（1） まちの可能性

　「まちは現在進行形」なので、どこかに希望はあるはずだ。

　常総市では、あすなろの里をトライアル・サウンディングから丁寧に実施して民間事業者の市場性と向き合いながら RECAMP 常総として再生している。南城市でも地元に無償譲渡した公民館を地域プレーヤーたちで玉城食堂としてリノベーションするなど、全国各地で小さいながらも希望を感じるプロジェクトが各地で展開されている。まさに「負債の資産化」、「まちの再編」、「まちの新陳代謝」であるし、それぞれの点やエリアに魂を吹き込んでいる。

　まちが存在し、そこに真剣に向き合う行政、そのまちらしい地域コンテンツ、強烈な個性を持つ地域プレーヤーがいればどこかに希望はあるはずだ。

　墓標を目の前に絶望して既得権益・前例踏襲・忖度や人のせいにしたり言い訳したりするは簡単だが、こうしたものと正対して自分たちのまちを自分たちらしく、自分たちの手で考えて手を動かし試行錯誤していくことは困難である。しかし、そこにこそ魂が宿り可能性が見えてくる。

（2） 本来は作る前から

　本来は墓標を作る前からこうしたことをやっていくことが必要である。現在関わっているあるまちでも、担当者さえ魅力を感じないオママゴトのような展示・体験しかできない施設を、補助金・交付金を含む税金と起債に依存して一等地に整備している。「まちの経営責任」を取るのはそのまちの人たちでしかない。

　今、大人の事情や自分たちの覚悟・決断・行動の不足、その場を取り繕うことなどで「なんとなく」やってしまうと、後年度にその何倍、何十倍、何百倍の苦労を本人や将来世代が負うことになる。「こうすればうまくいく」という成功の方程式は、プロジェクトがそれぞれオーダーメイド

型なので存在しないが、「これをやったらコケる」ポイントは全国の墓標から学ぶことができる。ほとんどの墓標は「まさか」ではなく、初歩的なところでそのプロジェクトに対する姿勢が中途半端、魂が入っていないことで生み出されている。そして、青森市のアウガでは企画段階でキーテナントとして想定した企業が撤退するなどアラートの働く瞬間が何度もあったはずであり、魂が入っていればそのときに違う判断もできたのではないだろうか。墓標は物理的なハコだけでしかなく、そこに関連する人々も含めて魂が宿っていないことに大きな問題がある。

　一方で「魂を吹き込む」ことは自分たちでできるが、墓標に後から魂を吹き込んで再生させていくことは本当に苦しいことである。だからこそ構想段階からきちんとプロジェクトには魂を込めていこう。

10 エグい世界／リアルに生きる

1 やらない言い訳でしかない

（1） そこがボトルネック？

　先日、エリアとしてのポテンシャルが非常に高く、公共施設等総合管理計画も明らかに自前で作り、なんとかしようとしている意思を感じた自治体を突撃訪問してみた。突撃訪問では塩対応されてしまうこともたまにあるが、議会中にも関わらず、担当者の方に別室で丁寧な対応をしていただくことができた。

　この自治体では、ハコモノ等の今後必要となる更新経費が年平均でこれまでの4倍以上になると試算しており、総量縮減一辺倒のザ・公共施設マネジメントでは絶対に無理ゲーの世界の状態であった。担当者も何とかしたい思いは持っていたようだが、進めていくための現実的な課題を口にしていた。「財源が圧倒的に不足し、事後保全すらままならない状態で、事後保全のなかでも優先順位を設定しながらやっている。使っている人がいるなかでは統廃合の議論を持ち出しにくい。個別施設計画も90％程度の用途で作成したが、財政的な裏付けがないために計画で位置付けた形になっていかない。所管課も多忙なため、なかなか公共施設マネジメントに目が向かない。民間事業者と連携していくことも考えたいが、地方都市に来てくれるのかとか、撤退してしまうのではという懸念を持っている。」

　まじめな自治体が陥る思考回路・行動原理にどっぷりと浸かってしまっているし、多くのまちで聞かれる「あるあるネタ」の宝庫である。「使っている人がいる」ことは間違いない。一方で公共施設は「使っていない人」の方が圧倒的に多いのが現実である。公共施設の利用に関するアン

ケートでは最も使われている図書館でも、利用者は市民の1割程度しかいない。そのなかでヘビーユーザーは更にその1割、つまり全体の1％でしかない。利用者は「何かを求めて」そこに来ているのだから、その人にとっては重要であるし、「行政の経営感覚の欠如」で勝手に生じさせた問題を利用者に責任転嫁することは正しいことではない。しかし、残念ながらここまで経営感覚を持たないまま放置・逃げてきた問題はデッドラインを超えているので今すぐ抜本的な手を打たないと、市民生活そのものが支えられなくなってしまう。「使っている人がいるから」「将来の子どもたちのために」といった理論を並べていても、誰かが何かをしなければ何も変わらず将来に問題を先送りしているに過ぎない。

「市民理解を丁寧に求めてから」「みんなが納得できるように」などと言っていても、それは誰が覚悟・決断・行動していくのだろうか。どこか他人事で誰かがやってくれると勝手に役割分担してしまう旧来型行政の思考回路・行動原理では、永遠に誰も手を動かすことはない。ピュアすぎたり、良い人すぎていても、判断を先送りすることのエクスキューズにはならない。経営の問題なので、経営的な判断をしなければいけない。経営判断をしてこなかったから今の厳しい状況になってしまっていることを忘れてはならないし、公共施設マネジメントは経営の問題なので、ときには残酷で孤独な経営判断を求められることもある。

（2）　財政の厳しさ

少子・高齢化だけではなくウクライナ問題や北朝鮮をはじめとする世界情勢、物価高騰、更には実を伴わない官製賃上げ、制度欠陥のまま走り続けるふるさと納税、コンサルや既得権益に流れ続ける補助金・交付金等、様々なことを考えると、財政状況はこれからも加速度的に厳しくなっていくだろう。

「財政が厳しいから」と問題を先送りにし続けていると、その間にも公共施設やインフラは老朽化していく。勢い・魅力を失ったまちでは、動ける人（≒お金を持っている人・他のまちでもビジネスできる人・若くてやり直しができる人）たち、まちを創ってくれる・支えてくれる人たちが流

出し、歳入が減少して更にいろんなことをやめていく負のスパイラルが加速していく。待っていると財政的にも打てる手段がなくなってくるので、「財政が厳しい」からこそ動くしかない。

（3）　未知の領域

「やったことがないから」も通じない。これまで「あなた個人」ではないが、そのまちの現状は自分の所属する組織の経営感覚の欠如が引き起こした問題でしかない。ケリをつけるのは自分たちしかいない。「やったことがない」からこそ、試行錯誤するしかない。前段でも様々な角度から繰り返し述べたとおり、「やると決めてやる」ことが必要である。ほとんどの自治体の現在の立ち位置はド底辺なので、希望しか残っていない。

（4）　オママゴト≒コケようとすらしていない

こうしてみてみると、うまくいかないことの原因は何度も述べてきたことのリライトのような感じになってしまう。そして、これらの表層的な事象は「このまちの公共施設のありかたをみんなで考えましょう」といったノーリアリティの市民ワークショップ、旧来型行政の短絡的・表面的な行財政改革、ザ・公共施設マネジメントの世界でしかない。厳しい言い方をすれば完全にオママゴトの世界である。リアルな世界でそのようなオママゴトは通じないし、オママゴトをやっている限りはリアルな世界に出ていないので、派手にコケることはないかもしれないが、現実逃避してコケようとすらしていないのと同義である。

2 エグい世界

（1） リアルな世界

　リアルな世界は、オママゴトとは180°異なるエグい世界である。行政は非合理的な社会であり、理想・理論どおりに物事を進めることが困難だが、資本主義の社会の中では多様な人たちが様々な思惑を持って生きており、そのなかで行政は公共性・公益性を保ちながら本来は必死になって可能性を探り、試行錯誤しながら生きていくしかないはずだ。

（2） 西尾市 PFI

　西尾市では、公共施設の再編に包括施設管理業務などもビルトインしたサービスプロバイダ型の PFI 事業（PFI 法に基づく PFI）に取り組んでいた。「ゼネコンを SPC の構成員にしない」「民間からの代替提案が可能」など、当時では先進的な項目も盛り込まれていたチャレンジングで先鋭的な試みであった。

　細かい経緯はインターネット等で検索できるのでここでは割愛するが、関連議案も紆余曲折あったが議決され、契約を締結してプロジェクトが進んでいたはずだった。しかし、そのさなかに市長選挙があり当時、反対の急先鋒だった議員が市長選挙で「PFI 全面見直し」を掲げて当選することとなった。PFI 見直しの専門組織を庁内に設置し徹底的に検証をしたものの、既に事業として進捗していたり、法的手続きなどに問題がなかったことから訴訟合戦、泥沼化していくこととなった。それだけではなく、市長自身も執行権・財産の総合調整権を持つ者となったため、自身が議員時代に指摘したいことに対する特大のブーメランを浴びることとなったのである。

　この一連のプロセスは二元代表制のなかで全く法的な問題はないが、議員だった市長は当時、議会の総意として否決できなかったのに、数ヶ月後に市長選で勝ったことを全面見直しの旗印としてしまったことは、道義的にどうなのか考える余地はある。

筆者もこの事業のモニタリング委員として多少関わっていたのでリアルな姿・プロセスを把握しているが、混乱の元となったのはプロジェクトの本質やPFI云々とは異なる非常に小さなことでしかなかった。その張本人がマスコミに情報をリークしながら様々な人たちを巻き込んで、政治にも影響を与えて後戻りのできない、誰も得をしない状況・泥沼に陥ってしまったのだから悲劇というほかない。

（3）「請願駅」問題

　これは筆者が公務員時代に経験したことであるが、市内のある駅を橋上化し東西を結ぶ自由通路を整備する事業があった。議会説明も含めて整備することがほぼ決定した後、鉄道事業者から「今回の橋上化関連の事業は流山市からの請願によるものなので、弊社では一切の財政負担をしません（駅舎も含めて全額流山市負担）」との恐ろしい話が出された。

　筆者はちょうどその当時に（ほぼ尻拭いのための交渉役として）異動してこの事業の担当になったのだが、鉄道事業者は10年近く前に市から提出された（正確には鉄道会社が市に提出させた）「請願駅」の文書を錦の御旗にし、全く交渉の余地がない状態であった。当時、国土交通省も自由通路整備や構内トイレ等に係る自治体と鉄道事業者の財政負担に関するガイドラインを作成・公表していたのだが、「請願駅」であることを理由に一切交渉に応じようとはしなかった。何十回となくヒリヒリするような交渉をしながら、あるときには副市長も直接、先方の経営層と会うためにアポを取り本社を訪れたのだが、ここでも「急用が入って」と面会すらできない状況となってしまっていた。国土交通省に何度も出向いたり、会議のたびに席を立たれようが、あらゆる手を尽くしてなんとか他自治体の類似事例の何倍もの負担をしてもらうことができたが、本当に「エグい」状況であったし「エグい」担当者・鉄道事業者であった。しかし、先方もパブリックマインドの有無は別として、社としてのビジネス・経営方針に基づき行動したまでであり、法的に何か問題があったわけでは全くない。

（４）　地元事業者の反乱

　あるまちでは、包括施設管理業務のプロポーザルコンペに参加した地元事業者のＡ社が大手事業者のＢ社に破れた。そこでＡ社は、この案件を「大手資本が受注すると地元事業者の仕事を奪う」として市役所の窓口などで訴えたり、地元議員へなんとかならないかといった働きかけを行なった。前著「PPP／PFIに取り組むときに最初に読む本」でも解説したとおり、実際に包括施設管理業務では基本的に大手が受注したとしても、大手は市役所職員の行なっていたルーティン業務のマネジメントに徹することやこれまで行なっていなかった巡回点検を担うことが主たる業務であり、現場では地元事業者が従前と同じように業務を行う仕組みとなっている。

　そもそもＡ社の主張に合理性はなく、もし本当にこの案件に不満があるのであれば公募時にこのようなことを訴えるべきであり、「プロポーザルに参加して負けたから」騒ぐことは色んな意味で無理がある。更にＡ社は、間近に迫っていた市長選挙の候補者へ擦り寄り、この市長候補も接戦が予想されていたためＡ社と結託して、当時の政権批判の材料としてこの案件を取り出し、政争の具とすることで（別の要因が大きかったのだが）この候補者が僅差で市長に当選した。当然にこの市長はＡ社と「お約束」をしてしまったので、この案件の全面見直しをすることとなり再公募することになったが、そのときの要求水準書で示された事業者の参加条件が「市内事業者に限定」であったことや、これまでの経緯もあり実質的な競争性が働くことはなかった。更にこの案件の審査結果を見てみると、Ａ社の採点結果は失格にならない点数ギリギリであり「なんのためにやるのか」が問われる結果となってしまったのである。

　このまちでは、市長が他にも既得権益の団体と市長選挙に際して「様々な約束」をしてしまったらしく、前政権時に職員が相当の苦労をして構築・運用を始めた随意契約保証型の民間提案制度も「地元事業者を対象」としたものになり、提案対象も曖昧に合ってしまったことから、悪く言えば「業界団体へ業務を流す手段」に成り下がってしまうこととなった。

　しかし、これらの一連の動きも、法的に何ら抵触するものではない。

（5） 実質的ベンダーロック

　ある自治体では、サウンディング型市場調査を行いながら丁寧にあるプロジェクトの要求水準を検討しており、そのなかで次のような相談が筆者に寄せられた。

　「ある大学の先生を通じて、業界内で相当の影響力のある団体のトップが市長と面会したい。その面会の目的が、この団体が関連する共通システムを構築しているので、このシステムの導入を要求水準の条件に組み込んで欲しい。」とのことであった。実はこの話も（関係者も含めて裏話を）いろいろと知っていることがあり、このシステムに関連する会社とその業務を受託しようとしているC社は深い関係にある。この業務に関連するシステムは、既にいくつかの民間事業者が独自に構築・運用しているものであり、共通システムに移行することはコスト的にも運用上もメリットがない。

　後発のC社は、今回の共通システム導入を要求水準に書き込んだ瞬間に大きなインセンティブが生じ、システムのベンダーにとってもこの部分が随意契約に相当するものになるので大きなメリットが発生する。更に、ここでデータやシステムを固定することで実質的なベンダーロック状態にもなりうるだけでなく、C社以外の参入を難しくすることにもつながってしまう。

（6） サウンディングからの翻意

　ある自治体では、あるプロジェクトを数期にわたるサウンディングで市場性を把握するとともにプレーヤーをセットアップしながら検討してきた。当初、議会から「赤字になるならやらない方が良い」という意見が出され基本構想を練り直し、基本計画では独立採算が成立するための収支見通しや納付金の金額・パーセンテージなどを明記し、議会にも説明をしていた。その後、要求水準書（案）をベースとした最終のサウンディングを実施したなかで最も進出意欲が強く、行政としても信頼していた事業者から「納付金のパーセンテージは民間提案に委ねて自由度を高くしたほうが

良い」との意見が出され、公募時には（十分な信頼関係が構築されていると確信し、）この部分を削除することとなった。しかし、この事業者から提出された企画提案書に記された納付金のパーセンテージは基本計画で定めた割合やサウンディングでこの業者が提示していたパーセンテージを大幅に下回るもので、ほとんど民間事業者がリスクを取らないものであった。要求水準書のなかでは確かに「失格」要件に該当するものではなかったが、ここまで検討してきたプロセスやプロジェクトのビジョン等も含めて、簡単には受け入れられない事態に陥ってしまったのである。

　現在、この優先交渉権者と詳細協議を行なっており、合意までには相当の労力やタフな交渉が要求されることとなっているが、行政担当者や首長の方針もあり、何とか着地点が見えそうなところまでは漕ぎつけている。

3　タフに生きる

　上記でいくつか例示したように、実際に物事を進めていくうえでは資本主義社会の大人の世界でのことであるし、大きなお金も動くので「エグい」場面に遭遇することがある。オママゴトしかやっていない人・まちにはとても太刀打ちできないようなエグさである。そして、このようなエグい場面はケースバイケースなので、どこかに答えがあるわけでもなければ、誰かが助けてくれるものでもない。暗中模索しながらどこかに解決策を見出していくしかない。そして、そのスキルは自分たちが現場で体験しながら会得していくしかなく、まさに経験知である。

　色んなプロジェクトをどれだけ経験してきたか、修羅場を潜り抜けてきたか、どれだけそのプロジェクトにかける覚悟があるのかが問われてくる。

11 クリエイティブとは

1 クリエイティブを考える

（1） 公共施設マネジメントの対義語？

　最近、公共施設マネジメントや公共空間の利活用で、「クリエイティブ」がキーワードとしてにわかに注目されている。旧来型の行財政改革の流れを汲んで短絡的に施設総量を削減すれば良い、いろんなものをやめて単年度会計現金主義におけるハコモノコストを減らせば良いという「ザ・公共施設マネジメント」の対義語としてクリエイティブが扱われることも多く、実際に筆者もこのような意味合いで活用したりしてきた。

　施設総量を単純に減らせば良いのではなく、①せっかくの資産を有効に活用すること≒「負債の資産化」、②公共資産を媒介として活用しながらまちの形を再構成していくこと≒「まちの再編」、③公共資産がまちのなかで社会の変化と合わせて柔軟に変わり続け、まちを有機的に動かしていくこと≒「まちの新陳代謝」が求められていることであるし、大切なことである。

　リアルにまちに向き合い、持てるリソースを活用しながら自分たちらしく覚悟・決断・行動していく概念そのものがクリエイティブであるし、ザ・公共施設マネジメントでは盛り込まれていない要素である。確かにザ・公共施設マネジメントの対義語としての「クリエイティブ」も意味があるだろう。

（2） イケてるプロジェクト？

　近年、公共資産を活用したイケてるプロジェクトがオガール・プロジェクト、INN THE PARK、ONOMICHI U2、バルンバルンの森、morineki、タグボート大正など全国各地に生まれている。

　確かにこれらのプロジェクトは間違いなく空間・コンテンツともにクリエイティブであるし、そこでしか味わえない体験・サービスが提供されている。ザ・公共施設マネジメントではどう転んでも出てこない、そしてつながらない世界・空間・コンテンツ・魅力が広がっている。

（3） マジックワード？

　一方で、公共施設等総合管理計画では総務省の要請でも PPP／PFI の活用について記載することが求められているからなのか、軽々しく「クリエイティブに民間事業者と連携して」などと書かれている。割賦払いに近いハコモノ整備のサービス購入型 PFI にも関わらず「クリエイティブなプロジェクト」を自称したり、挙句の果てには大したプロジェクトを実施したわけでもないのに、「あのまちはクリエイティブ」だと表彰されたり、錯覚したりしている例も散見される。いつの間にか、「クリエイティブ」の用語そのものが、曖昧で都合の良いことば「みんな」「賑わい」などと並んでマジックワード化しているような風潮すらあるように感じる。

2　行政（や一般職員）に難しいことなのか？

（1）　アンケート等にみられるネガティブ思想

　職員研修やセミナーでいただくアンケート結果をみると、「行政ではそんなクリエイティブなことはできない」「うちのまちにはそんな良い資産や文化がない」「○○さんのようなプレーヤーがいない」等、やる前から諦めてしまっている残念なものも多い。諦めた瞬間がゲームオーバーであるし、ネガティブな発想しかできない人・まちには小さな可能性に賭けるクリエイティブなプロジェクトはできない。もし、担当者としての自分が未来を見つけられない、希望を見出せないのだったら、他の人に担当を譲ったほうがよい。

（2）　キラキラしていないといけないのか？

　「クリエイティブ」は前述のようなキラキラしたイケてるプロジェクトだけを指すのだろうか。仮にそうだとしても、本当にキラキラしたプロジェクトをひとつたりとも物理的に100％実現できないまちがあるのだろうか。

　行政単独ではできなくとも、それぞれのまちにしかない地域コンテンツは必ずどこのまちにも存在する。行政には一切頼らず、自分たちで（金融機関から）資金調達してビジネスを展開し、税金を納めている民間事業者≒地域プレーヤーが必ずいる。こうした地域コンテンツ・プレーヤーと連携することで可能性が見えてこないだろうか。

3 改めて「クリエイティブ」を考えてみる

（1） イケてるプロジェクトの根幹

　前述のオガール・プロジェクトや ONOMICHI U2など、イケてるプロジェクトはその構築プロセスも、一般的な行政の「基本構想→基本計画→基本設計→実施設計→工事→（指定管理者の選定→）運営」や「基本構想→基本計画→可能性調査→アドバイザリー業務→プロポーザル」とは大きく異なっている。更に、オガールでは一般的に基本計画や実施方針にあたる「公民連携基本計画」の冒頭に「未来の紫波中央駅前におけるある一日」で次のように記されており、それが見事にビジョンとコンテンツとなっている。（以下引用）

　「未来の紫波中央駅前におけるある一日」

　魅力的なブールバールのある街の朝は、一番乗りの店主が店を開けた瞬間から賑わいを見せる。 足早に行き交う出勤途中の人々の中に、役場庁舎に向かう職員の姿がある。高齢者は早朝講座のために情報交流プラザに集まって来ている。

　統一されたデザインの２列の事業棟の間に位置するブールバールを紫波中央駅前大通りに向かって歩いて行くと、住宅地の住民が通勤電車に乗る前に、駅前でカプチーノを買っている。通りの北側を見ると、高校生が始業に間に合うように学校へ急いでいる。

　日中の街では、人々が図書館や交流館、医療施設など様々なサービスを利用しているのが見受けられる。紫波の農産品を揃えた地元の小売店やレストラン、カフェは、街の魅力を堪能する人々で溢れている。事業棟に事務所を構える人の中には、打合せ場所としてレストランやカフェを選択する人もいる。ブールバールに彩りを添えるプランターの手入れをしているグループの１人が、花屋の店員に話しかけている。

　昼休みになると、レストランやカフェはアーケードの下の歩道やブールバールの遊歩道にテーブルと椅子を広げる。歩道に出されたメニューに書いてある「今日のおすすめ」が、買い物客や用事を済ませた人々を食事へと誘う。情報交流プラザのロビーでは、アート・スタジオが作品展を開催

中である。ダンス・演劇関係者は町民劇場の開演に向け、ホールで準備をしている。アーケード下の歩道を歩いているのは、事業棟の上階にあるエステサロンやヨガ教室へ向かう人々などである。ブールバールの広場では、子供たちが大きな木の周りを追いかけっこするのを見守りながら、親同士はおしゃべりをしている。お話の時間を目当てに、広場を横切り図書館に向かう親子もいる。木陰には、新聞を読んでいる人や将棋に興じる人がいる。すこやか号を待つ間、ベンチで世間話に夢中の人たちもいる。

　平日の夕方、街の中心は演劇の幕間のような雰囲気に包まれる。店主が歩道に並べていた看板や商品を店内に取り込み、店の前を掃除している。銀行で今日最後の用事を足し、紫波中央駅や近隣の駐車場・駐輪場に向かう勤め帰りの人々がいる。図書館に本を返却する学生やビジネスマン、講座を終えて出て来た人々などで、情報交流プラザ前に静かな混雑が見られる。塾を終えた子供を迎えに事業棟へ行った後、並びにあるパン屋で焼きたてのパンを買い、広場で夕陽を眺めながら頬張る親子がいる。太陽の長い日差しが、緑のカーテンとして植えられた朝顔が覆うシビックセンターの外観を照らしている。家路を急ぐ人々は、ブールバールに面した新鮮でこだわりの品揃えが自慢の店で買った夕食の食材をエコバッグに詰め、自宅のある住宅地へ向かう。

　日が沈み、気温が下がった頃、街は再び食事、文化活動、スポーツの場へと変貌する。歩道は、街灯と街路樹を飾る電灯で綺麗に照らし出されている。人気の地産地消レストランからはがやがやとした話し声が聞こえ、地酒にこだわったパブからはジャズがかすかに流れてくる。情報交流プラザの前では、家族や友人同士の大小のグループが「あらえびすコンサート」のために並んでいる。その脇を、サッカーボールを抱えたグループが、フットサルをしにサンビレッジ紫波の方向へ歩いていくのが見える。段差がなく、広々として歩きやすいブールバールでは、家族やカップルが夜の散歩をしながら、紫波が最も大事にする豊かな自然を満喫している。図書館やアイスクリーム屋などいくつかの店舗は、そういった人々を歓迎し遅くまで営業している。（引用終わり）

（2） 共通していること

　更に近年、公共施設マネジメントというより公共資産の利活用、まちとリンクしたプロジェクトでにわかに脚光を浴びている津山市では、町屋を高級ホテルとして再生した「糀や」、随意契約保証型の民間提案制度で事業化した「たかたようちえん」、年間1億円以上キャッシュアウトしていた温水プールを再生した「Globe Sports Dome」などを展開している。

　これらのイケてるプロジェクトに共通することは、PPP／PFI導入可能性調査などの業務委託は一切せずに、そしてVFM（Value For Money）の算定なども行っていないことである。本来のVFMは文字どおり「投下するコストに対してどのぐらいの価値を生むのか」を意味するはずだが、日本の公共施設整備では「従来型手法（PSC）と比較してPPP／PFI手法を活用することで何％コストが安くなるのか」を短絡的に比較する手法に成り下がってしまっている。

　イケてるプロジェクトは、「まちとして投資できるコストを活用してどのようなリターンを得るのか」を、地域コンテンツ・プレーヤーとともに構築していく現場レベルでのVFMを基準として考えているといえるだろう。このVFMこそがリアルVFMであり、本著で提示してきたVFM2.0であり、その中心は定性的な評価になってくるはずだ。この定性的な評価を首長・職員・民間事業者等が考えて共通認識を醸成しながらプロジェクトとして収斂させていくことそのものがクリエイティブであるし、その根幹にあるのは関係者（≠全員）の個としてのクリエイティビティであろう。

4 普通にできるクリエイティブ

（1） 真摯に向きあえば小さなことからでもできる

　大規模なプロジェクトでかつ自由度の高い案件でなければクリエイティブにならないのだろうか。

　当たり前だがそんなことはない。行政が揶揄される「前例踏襲・事なかれ主義」からの脱却や「既成概念・ルーティンワーク」の打破による室蘭市のメルカリを活用した不要備品の売却・提案型ネーミングライツなどの小さなプロジェクトや工夫もクリエイティブであるし、まちの経営に大きく貢献する。

　少しずつ広がりを見せている庁舎の電気工作物や学校の消防設備などの複数施設の保守点検業務を包括委託する「包括施設管理業務」も、（ビルメンテナンス業者からの仕込み案件である場合は別だが、）自分たちでそのまちらしく組み上げていくことは十分にクリエリティブであるし、そのまちごとの特徴が現れてくる。湖西市では500千円／件未満の修繕を業務範囲に含みつつ所管課に裁量で執行できる少額の修繕予算を残したり、明石市ではマネジメントフィーなど見かけ上の契約額の上昇分を1,300千円／未満の修繕費を全て内包（2023年の第2期公募では5,000千円／件未満に拡大）することで、施設所管課から該当する職員を減員して庁内合意を図るなどしている。

　沼田市では、商業施設をリノベーションした市庁舎（TERRACE沼田）の総合管理を公募する際に、「民間事業者から包括委託したほうが効率的になる施設を提案してもらい、市との合意が得られた施設を包括委託する」方式をとり、約140施設の包括に至っている。高砂市では、増加するマネジメントフィーと民間事業者が必要とする一般管理費などを調整するため、庁舎のなかで民間事業者が自由に活用できるエリアを設けるなどして、民間ノウハウを活用して必要なコストを民間事業者が自ら調達できる仕組みをビルトインした。

　包括施設管理業務ひとつとってみても、これだけ自治体によって工夫できることはある。マネジメントフィーガー、予算の一本化ガー、地元業者

ガー、議会ガーなどの低いレベルで導入可否を検討している場合ではない。

　更に小さな事例として、貝塚市・鳥取市・沼田市などでは解体直前の公共施設を活用した消防突入訓練を積極的に実施している。このような本当に小さな取り組みも蓄積されていくことで、まちの経営にとって大きな力になってくるし、当然にザ・公共施設マネジメントの小さな視点では見えてこない世界である。

　「まち」に対して真摯な姿勢であれば、できることをできるようにやろうと思えば、普通にクリエイティブなことはできるはずだ。

（2）　福知山市の提案制度

　福知山市では、廃校 Re- 活用プロジェクトと題して廃校の利活用を積極的に進めている。民間事業者からの提案を待っているだけではなく、廃校バスツアーを行ったりネット上でも紹介動画などを公開したりして能動的に動いている。ここまでは割とどこでも思いつくことかもしれないが、実際に活用されている廃校も THE 610 BASE や里山ファクトリーに代表されるように非常にクリエイティブな利活用がされている。

　この2つのプロジェクトはそれぞれ市街化調整区域内に位置し、そのままでは工場などに用途変更することは困難である。そこで、福知山市は民間事業者の活用意向に合わせて学校敷地とその周辺に地区計画をかけることで適法性を確保している。それだけではなく、売却・貸付などの方向性も活用意向を持つ民間事業者との協議のなかで探り諸条件の合意に至っている。

　更に、まだ10以上ある廃校や多数の低未利用の公共資産をより効率的に利活用を図っていくために随意契約保証型の民間提案制度を構築することとなったのである。

　この制度設計にあたっても、これまでの経験知を生かしながら徹底的なディスカッションで検討していったが、最終的には全体の指針を策定して個々の利活用は個別の実施要領により対応してくこととなった。全体の指針では、「事業実施を行う前から常に事業者からの様々なアイデアや相談

の受付を行い、事業者とともに民間提案事業の案件抽出や諸条件の整理を行います。」と、市が日常的に民間事業者との対話を積極的に行うことと、対話の中から要求水準を作成していくことを明確に位置付けている。こうした民間意向を反映しながら要求水準を作っていく方向性を見出すこと、庁内の統一基準と位置付けることもクリエイティブな判断であるといえるだろう。

（3）　バーデハウス久米島の再生プロジェクト

　同じく2021年度から支援させていただいている久米島町では、まちの誇りでもあり一大観光スポットだったバーデハウス久米島を再生させるプロジェクトが進んでいる。前述のとおり、町の「やりたいこと・できること・与条件」を徹底的に整理したうえで3期にわたるサウンディングを繰り返しながらプロジェクトとして少しずつ市場性とマッチングさせて収斂していくプロセスは、まさにクリエイティブそのものである。

　同時に特筆すべきは、やはり要求水準書である。かなり大規模なプロジェクトにもかかわらず実質的に要求水準書はＡ4用紙約2ページで取りまとめられている。受付の人数や開館時間などはもちろん、諸室の面積・機能なども全くと言って良いほど規定していない。複数の民間事業者との長期にわたるシステマティックなサウンディングを通じて「町のやりたいことは民間事業者に伝わっている」、「民間が提案する内容はある程度見えている」状態を構築してきたからこそ成せる業であり、要求水準書を含む公募関連資料そのものもクリエイティブなものになっている。

5 マインド⇒プロジェクト⇒まち

このように考えてみると、イケてるプロジェクト≒クリエイティブなプロジェクトは、現在進行形のアウトプットとしての華・クリエイティブさはもちろん重要な要素となるが、そのクリエイティブさを支えているのは、そこに関わる人たちのマインド、プロセスにおける工夫、既成概念にとらわれない柔軟な発想に基づくリアルな事業スキームの構築である。実は、クリエイティブなプロジェクトとは、こうしたことの連鎖・蓄積が顕在化しているに過ぎないのかもしれない。

同時に前述の包括施設管理業務、消防突入訓練だけでなく改修予算の順位づけ、ESCO、有料広告、基金の創設と運用や光熱水費のマネジメントなどもキラキラした形として顕在化するわけではないが、まちの経営には大きく貢献するプロジェクトであるし、それを支えているのも同様にクリエイティビティである。

つまり、クリエイティブな「マインド」でまちを直視し、自分たちの目線でいろんなことを考え、できる方法を自分たちらしく模索しながら「プロジェクト」として形にしていく。そうした大小問わないプロジェクトの蓄積がクリエイティブなまちに繋がっていく。

更に、クリエイティブなまちにはクリエイティブな人たちが集まり、関わる人たちもこうした流れに触発されクリエイティブになっていく。このスパイラルが今、求められていることである。

そのためにも、まずは気づいた人ができることをやってみる。他人、先行するプロジェクト、他のまちを羨ましがっているだけでは何も変わらない。

自分たちのマインド・プロジェクト・まちは自分たちで創っていく。改めてこの基本に立ち返り、自分たちらしくやっていこう。

終章

PPP／PFIの実践の
ために

｜1 簡単にはハマらない

｜1 激動の世の中

2020年からの世界的な新型コロナウイルスの蔓延だけでなく、ロシアの
ウクライナ侵攻や官製賃上げも含む急激な物価高騰、Chat-GPT や生成
AI の台頭など、世の中はこの数年で激変している。新型コロナウイルス
によって「集まること」そのものに対する価値観や「みんな」の「賑わ
い」といった概念も全く異なるものとなった。「安くたくさん」を売りに
してきた飲食店・観光地が窮地に立たされる一方で、地域コンテンツ・プ
レーヤーによるホンモノのプロジェクトや高価値・高価格でニッチな層に
刺さる世界が注目されるようになった。

急激な物価高騰は、既存の公共施設等総合管理計画で位置付けた将来コ
スト推計を過去のノーリアリティなものにしてしまったが、そのことに触
れている自治体は現時点で皆無である。総務省も本気で公共施設マネジメ
ントに取り組むのであれば、こうした状況下だからこそ改めて総合管理計
画の見直しを要請するはずである。そして、総務省だけではこうした激変
する世の中のリアルを把握することは困難であるので、省庁横断的に検討
する場も設置されているはずだ。

以前にもまして国に依存することが難しく、様々なまちを取り巻く困難
な情勢のなかで、プロジェクトを契約・具現化までハメていくことは相当
に難易度の高いことである。ある自治体の市場再整備のプロジェクトは3
期にわたる大規模プロジェクトであるが、物価高騰への対応が物価スラ
イド条項等のこれまで想定されている方法論では全く追いつかない世界に
なってしまっている。コンストラクションマネジメントを導入することも
物理的・政治的に困難な状況のなかで、行政の担当者だけでなく民間事業

者もどのように対応するのか、日々お互いに合意点を探る交渉を続けている。

　久米島町のバーデハウス再生プロジェクトも、あれだけ丁寧に庁内検討・営業・サウンディングを蓄積し、自信を持ってプロポーザルに望んだものの同時期に発生したウクライナ問題によって不調となってしまった。徳島市の危機管理センター（仮称）における ECI のプロジェクトも、工事予定業者の選定段階で工事委託契約を締結することで期間を最大限に短縮することを目指したクリエイティブなプロジェクトだが、優先交渉権者が辞退してしまい再公募を余儀なくされた。更にいえばあのオガールですら、1回で全てのプロジェクトの契約に至ったわけではない。

2　自分たちがハマらない

　対外的な事情、自分たちでコントロールできない部分でハマらないことはある意味仕方がない。一方で、自分たちでハマらなくしていることも多いのが実情である。

　以前にアドバイザー業務で関わったあるまちでは、ワーキンググループですぐに実施可能な5つのプロジェクトを検討し、首長を含む管理職にプレゼンして了解が得られたものを実行することを事前に約束していた。ワーキングのメンバーも自分たちでプロジェクトを組成する経験をほとんど持っていなかったが必死に取り組み、リアルな形でそれぞれの提案を取りまとめた。しかし、発表直前に担当課長から「自分がやってきた世界が壊される」との懸念を抱かれプレゼン大会が中止に追い込まれてしまった。結果的にメンバーのモチベーションが一気に崩壊し、ワーキング自体も完全消滅してしまった。

　別の自治体では、前年度の非常に熱意ある担当者が別部署に異動し、新しい担当者が180°異なる後ろ向きで保守的な職員になってしまったことで、随意契約保証型の民間提案制度の協議対象案件を含む様々なプロジェクトが宙ぶらりんになってしまった。ある自治体では市長交代に伴い、中核として機能していた政策推進室のメンバーが全員異動することとなり、これまでの蓄積や経験知がゼロに戻ってしまった。別の自治体では、新しい首長になり多少良くなったものの、以前の政権において職員が考えること・動くことが難しい状況であったらしく、自分たちの活動・まちに希望を抱くことが難しいと嘆いている。

　本著で述べてきたように、リアルな世界では自分たちでコントロールすることが難しい非合理的な「エグい」ことにも多く巻き込まれ、そのなかでプロジェクトを進めていくしかない。自分たちで勝手にハマらなくしている場合ではない。

3　ハマらないときがチャンス

　様々なプロジェクトが順風満帆で進めば、それに越したことはないかもしれない。しかし、先行事例で参考になるものはあるかもしれないが、クリエイティブなプロジェクトになればなるほど、ひとつずつ丁寧にオーダーメイド型で作り込んでいくことが必要で、そのプロセスでは様々な困難が待ち受けている。コケることも多いだろうが、本著で述べてきたようにコケることを恐れてはいけないし、コケるなかから学んでいくことが重要である。

　上記の事例でも自分たちで手を止めてしまったり、心が折れてしまったものは、それ以上は前に進めていないが、こうした状況を自分たちで必死になって突破口を探しているプロジェクトは、むしろ「どこにボトルネックがあるのか」が見えるので、よりブラッシュアップされたものに昇華されていく。久米島町のバーデハウスは再公募に向けて様々な与条件を見直しつつ営業範囲を広げ、徳島市の危機管理センターも同様に条件を見直して再公募を行っている。

　上手くハマらなかったら、「営業範囲を見直す、条件を見直す、仕切り直す」など様々な可能性を模索すれば良い。沼田市の庁舎跡地活用事業では、当初サウンディングからプロポーザルという流れで進んだが上手くハマらなかった。そこで随意契約保証型の民間提案制度のテーマ型に庁舎跡地活用を位置付け、より幅広い形で民間提案を求める形にシフトした。この結果、ルートインホテルが協議対象案件に選定されたが、議会の委員会では過半数が得られず、ここでも困難な状況に陥ったがなんとか本会議で可決され契約に至っている。

4 ハマらないからといって

　ハマらないときには、改めて自分たちでどこにボトルネックがあるのか、それをどうすれば突破できるのかを必死になって探っていくしかない。

　上手くハマらないと、関係者に迷惑をかけてしまったり、それまで協力もしてきていない第三者から激しく糾弾されたりして、モチベーションが落ちたり心が折れそうになる。ハマらないからといって、自分たちで掲げたビジョン・コンテンツを引っ込めて安易に既存の補助金・交付金の枠に収まるように表面上の体裁だけを整えて金で解決しようとしないことが大切である。更にはせっかく自分たちで頑張ってきたものを「自分たちだけではやはり無理だ」と劣化コピーしかできないコンサルや現場をやらない学識経験者などに依存してはならないことはいうまでもない。

　うまくいかなかったら自分たちだけで閉じこもって自力で全てを突破しろと言っているのではない。プロジェクトの与条件を見直したり、営業範囲を拡大したり、自分たちの視野を広げるために外部の力を借りることはむしろ重要なファクターである。「丸投げ」ではなく、自分たちで論点を明確にしたうえで「誰と・何を・どういう形で」ハマるようにしていくのかを考えていく。やはり大切なのは「誰と」であり、そのプロジェクトのパートナーとなりうる人・企業と詰めていくことでリアルな形になっていく。もちろん、その際には相手のノウハウをただ取りするのではなく、沼田市のように随意契約保証型の民間提案制度をセットアップしたり、その事業者のやりたい形に沿った要求水準書としていくことが求められる。公平性・透明性・競争性も要求されるので、サウンディングの形式を用いて幅広い徹底的な営業と様々な民間事業者の声を並行して聞いていくこと、そのなかで自分たちがきちんと覚悟・決断・行動していくことを忘れてはならない。

2 ハメやすくするために

1 世の中を知ること

　1回で想定どおりにプロジェクトをハメていくことは簡単ではないが、ハメやすくするための工夫はいろいろとある。日頃から多くの事例やまち、そして人を知っていくことが重要である。自分たちでハマらなくしているまちの多くは、財政が厳しいからと出張旅費や研修など「人への投資」の予算を最初に削ってしまう。

　ここまで様々な事例や論点で述べてきたとおり、自分たちの役所の中にブレイクスルーにつながるようなヒントや経験知が存在している可能性は限りなく低い。そして自分たちのまちの地域コンテンツ・地域プレーヤーも、自らまちに出て自分の金をまちで散財しつづけなければ見えてこない。ローラー作戦で各自治体を回り、窓口に訪れるコンサルは「そのまち」である必要性を持っておらず、もちろん行政の手助けになるだけのノウハウも持っているはずがない。

　予算が切られてしまうのであれば、イジけているだけでなくなんとか予算計上できるよう徹底的に関係者に働きかけるアクションもやるべきことであろう。近年はこうしたことに理解を示す議員も増えてきている。執行部だけで話がつかないのであれば、一般質問等で取り上げてもらう手もあるはずだ。また、自分たちで小さなプロジェクトを実施して歳入に計上し、そこから予算充当する手もある。筆者も公務員時代は各種 FM 施策で得られた歳入を雑入のなかにファシリティマネジメント収入という細目を作って、そこに入れると同時に FM 推進室の予算は全てそこから充当するという形をとり、予算査定では（その何倍もの歳入を一般会計に計上することを条件に）企画・財政部門に一切触らせない形で必要十分な旅

費・研修費を確保していた。

　どうしても予算がつかないのであれば、自腹でも参加すれば良い。近年、成果を出しているまちのキープレーヤーとなる公務員は大概、自分に対する投資として全国各地を自腹で回って知見を深めるとともに、有機的なネットワークを構築している。公費でなく自腹だからこそインプットの質・量や密度は高くなる。

　オガールの岡崎正信氏は「ゼロから1をつくるのではなく、100から1をつくる」と発言されている。であれば、筆者は「10,000から1をつくる」しかない。誰よりもいろんなところを訪れ、様々なものを見て、多くの人と触れ合う。そうしたなかで初めて「そのまちらしさ」が見えてくる。

　担当者個人、そしてまちとしての引き出しが多ければ、そもそもの失敗を予防しやすくなるだけでなく、プロジェクトをハメやすくなることにもつながっていく。

2 まちとつながる

　「自分のまちには何もない、うちのまちにはイケてるプレーヤーがいない」という声を耳にするが、そうではなく自分のまちのことを知らないのである。公務員は性質上、平日の昼間に自分のまちを客観的に見る機会が圧倒的に少ない。だからこそ余計に意識してまちへ出ていく、ランチをまちなかで食べることや現場に行く道中でまちなかの様子をしっかり見ていくことなどからはじめることはできる。飲食もナショナルチェーンではなく、できるだけ地元のプレーヤーが頑張っている店を SNS などで探していってみる。

　業務においても、上司・議会や一部の声の大きな市民、既得権益の団体の顔色ばかりを伺うのではなく、地域プレーヤーに営業しながらサウンディングやトライアル・サウンディング等を実施してつながっていくことも有効な手段になる。阿南市では職員有志によるワーキンググループメンバーがまちへ出て、多くのプレーヤーとつながることで、トライアル・サウンディングでは延べ200社以上が参加している。あるいは、プロジェクトが明確で複数の民間事業者がそれぞれの得意分野でコンソーシアムを組成することが有効な場合は、まちとしてプラットフォームを設置していくことも考えられる。

　まちとつながっていくことで、自分たちのまちの姿が見えてくれば、どうすればハマるのかも少しずつ見えてくるだろう。

3　経験知を蓄積する

　普通財産の貸付、有料広告、ネーミングライツなどの小さなプロジェクトを自分たちで企画・実践していくことで担当者・まちとしての経験知が少しずつ蓄積されていく。そして、こうしたプロジェクトは小さくとも行政だけでは実施することができず、自ずと民間事業者との連携が必要となってくるので、前述のようなネットワークが形成されてくる。

　小さなプロジェクトでも数多く実践していくことで、自分たちらしい、やり方・意思決定方法なども見えてくる。庁内や議会に理解者も増えてくれば、自信を持ってより大きなプロジェクトに取り組むことができてくる。一方で「何かあったらどうするんだ」という漠然とした不安を持った上司・首長・議員などが多いと、ハマるものもハマらなくなってしまうし、「こういうプロジェクトをやろうとしたらきっと反対されるし炎上する」と前向きに取り組むマインドにもブレーキがかかってしまう。

　総量縮減一辺倒のザ・公共施設マネジメントではそもそもプロジェクトレベルでまちとどう向き合い、何をしていくのかが視野に入っていないし、総事業費10億円以上または年間の維持管理費1億円以上に対象を限定してしまう優先的検討規程に代表されるザ・PPP／PFIでは小さなプロジェクトの価値や、地域コンテンツ・地域プレーヤーとの連携は想定されていない。

　求められているのは、自分たちのまちらしいプロジェクトをヒューマンスケール／エリアスケールを考えながら構築していくことであり、そうしたプロジェクトの総体がまちを形づくっていく。

3 覚悟・決断・行動

　自分たちのまちだから、結果責任を取るのも自分たちしかいない。うまくやればできることはどこかにある。そして、まちは常に現在進行形なので成功事例も失敗事例も存在しない。現時点で思うような状況になっていなくてもどこかに道があるかもしれないし、現時点でそれなりにやれているからと経営努力を怠っていると簡単に堕ちていく。試行錯誤を続けていくこと、まちと合わせて新陳代謝していくことがまちにとって非常に重要な要素である。

　「みんな」「賑わい」といった曖昧で「なんとなく」得る合意、「どんな施設が欲しいですか」といったオママゴト市民ワークショップによる市民意見の集積、声の大きい一部の市民や既得権益の団体から寄せられる声をかき集めて「こうあったらいいな」「たぶんこうなるだろう」と経営的視点なく整備してしまうハコモノ。こうしたものが通じる時代では全くないのに、いまだに社会資本整備総合交付金、公共施設等適正管理推進事業債、過疎債などに依存して巨大なハコモノを整備しやった感を出してしまう。脱炭素を掲げれば、本著で掲げたように ESCO ではなく公共施設等適正管理推進事業債に依存しオーバースペックの空調機器等を従来型手法で導入したり、PPA の営業に来た事業者の提案を鵜呑みにしてなぜか市場単価以上の価格（しかも事業期間終了後には太陽光パネル・蓄電池等を残置）で契約してしまったりしている。ZEB も重要なことではあるが、環境対策をしない基準設計をベースにどれだけエネルギーを削減できるかを基準としていることに留意する必要がある。近年の公共施設における ZEB は巨大な吹き抜け・屋上や壁面緑化・巨大な西側ルーバー・高度な空調管理システムなど、イニシャルコストが膨大にかかる設計でかつ巨大なものが多い。吹き抜けをなくして階高を落とし無駄なスペースを削除して延べ面

積・階数を削減することで、基礎や杭も簡略化できるのでイニシャルはもちろん、空調も大空間がなくなることでゾーン分けすることによるダウンサイジング・簡易なシステムとするなどランニングコストも大幅に削減できる可能性がある。津山市を皮切りに広まってきた学校の断熱改修ワークショップも重要であるし、これからは学校全体、そしてその他の用途の公共施設にも広げてプロジェクトとして推進することが必要であろう。

　佐倉市を皮切りに徐々に広まってきた学校プール授業の民営化も質の向上と効率化の面で有効な選択肢のひとつだが、もう1段先の世界として、子どもたちが泳げるようになることが目的なので、例えば学校の授業から切り離して「2年間は民間のスイミングスクールに通う費用を行政が全額負担」などを真剣に考えられないだろうか。そうしたなかで、いまだに都市部で新設の学校なのに普通にプールを何億円も投じて建設する自治体も散見されるが、時代錯誤でしかない。

　地域公共交通も慢性的な赤字、人員不足・高齢化や燃料費の高騰などによりかなりの勢いで路線廃止やタクシー不足、最悪の場合はレンタカーすら借りられないなどの事態が深刻化している。その結果、まちとしての血流が停滞して「ご飯を食べに行きたくてもいけない」「観光に行こうと思っても物理的にたどり着けない」といった状況が全国各地で顕在化している。伝統的行事や花火大会なども各地で人員不足を理由に中止されてしまうような時代である。

　オンデマンド交通はもとより、ライドシェアなども含めて考えてかなければならないし、公共サービスも場所に依存するのではなく、南城市で行われたおでかけ児童館のように「公共サービスを持ち運ぶ」ことをより真剣にかつクリエイティブに考え実践していかなければならない。二種免許がネックになっているのであれば、それをどう突破するか、あるいは現行制度のままどこかに抜け道はないのかなどを模索していかなければならない。福祉分野ではいわゆる白タク問題を突破できているのだから、どこかに可能性はあるはずだ。

　物価高騰により従前の公共施設等の将来コスト推計は、全くリアリティのないものになってしまったなかで、総量縮減一辺倒のザ・公共施設マネジメントを掲げ続けるのであれば、削減しなければいけない公共施設の総

量も大幅に見直す必要があるはずだ。そして、上記のような様々な状況を考えたときにザ・公共施設マネジメントやザ・PPP／PFIの世界では全く「まちの課題」に対応できないことは明白である。一方で数年前とは比較にならないほど地域コンテンツを生かした地域プレーヤーによるプロジェクトは各地で展開され始めている。

このような時代で困難なことは非常に多く簡単にハマるわけではないが、大きく変われるチャンスもある。求められているのは、それぞれのまち・プロジェクトにおいて立ち戻れる原点となれるビジョンを明確にし、それを実現するためのコンテンツをセットアップしながら、様々な与条件や市場と付き合わせて丁寧に構築していくことである。1回でハマらないからといって簡単に諦めてはもったいない。コケながら、どこかに突破口が見えてくるかもしれない。

そのときに求められるのは決してテクニカルなことではなく、覚悟・決断・行動である。

本著をきっかけとして、うまく進まないプロジェクトの打開に向けたヒントとして活用していただければ幸いである。そして、全国各地にクリエイティブなプロジェクトが数多く展開されていくことを望んでいるし、筆者もそうしたマインドを持った行政・民間事業者と現場重視・実践至上主義で携わっていきたい。

●著者プロフィール

寺沢弘樹（てらさわ ひろき）
合同会社まちみらい　代表社員
1975年　静岡県清水市（現静岡市）生まれ。
2001年　東京理科大学大学院理工学研究科建築学専攻修了
流山市役所に入庁。建築、企画、教育委員会、都市計画、管財部門を経て
2014年ファシリティマネジメント推進室設置に伴い初代室長。デザインビルド型小規模バルク ESCO、包括施設管理業務、事業者提案制度などを実施。第7回日本ファシリティマネジメント大賞（JFMA賞）奨励賞、第2回プラチナ大賞審査員特別賞受賞。2016年退職、同年から特定非営利活動法人日本PFI・PPP協会業務部長として、常総市・南城市等のアドバイザー業務、鴻巣市・湖西市の包括施設管理業務の構築支援などを実施。この間、47都道府県で約340件（延べ参加者約27,000人）の講演。2021年に独立し、合同会社まちみらい代表社員として「現場重視・実戦至上主義」を掲げ、全国の自治体経営や民間事業者のプロジェクト構築支援を実施。
一級建築士、CFMJ認定ファシリティマネージャー、国土交通省PPPサポーター、日本PFI・PPP協会シニア・アドバイザー。
著書：『PPP／PFIに取り組むときに最初に読む本』（2021年、学陽書房）

実践！　PPP/PFIを成功させる本

2023 年 11 月 22 日　初版発行

著　者　寺沢　弘樹

発行者　佐久間重嘉

発行所　学 陽 書 房

〒 102-0072　東京都千代田区飯田橋 1-9-3
営業部／電話　03-3261-1111　FAX　03-5211-3300
編集部／電話　03-3261-1112
http://www.gakuyo.co.jp/

装幀／佐藤　博
印刷／東光整版印刷
製本／東京美術紙工

実践を重視し、未知の仕事にもポジティブに取り組むことができるようになる解説書

◎筆者の経験や全国の自治体のクリエイティブな事例を中心に紹介。これらの事例の背景やプロセス、様々なエピソードも交えて、リアルな情報を掲載。

◎テクニカルな事項ではなく、決断するための覚悟やルールづくり、意思決定プロセスでの駆け引きなど非合理的な行政・社会での生々しい実態も披露する。

◎各項目ごとに独立して解説しており、知りたい内容を探して読むことができる。

PPP/PFI に取り組むときに最初に読む本

寺沢弘樹　著
A5判ソフトカバー／定価2,970円（10%税込）